国网能源研究院有限公司
STATE GRID ENERGY RESEARCH INSTITUTE CO., LTD.

U0457352

2023
国内外能源与电力价格分析报告

国网能源研究院有限公司　编著

中国电力出版社
CHINA ELECTRIC POWER PRESS

图书在版编目（CIP）数据

国内外能源与电力价格分析报告.2023/国网能源研究院有限公司编著.—北京：中国电力出版社，2024.3

ISBN 978 - 7 - 5198 - 8722 - 3

Ⅰ.①国… Ⅱ.①国… Ⅲ.①能源价格－研究报告－世界－2023②电价－研究报告－世界－2023 Ⅳ.①F407.205②F407.615

中国国家版本馆 CIP 数据核字（2024）第 025581 号

出版发行：中国电力出版社
地　　　址：北京市东城区北京站西街 19 号（邮政编码 100005）
网　　　址：http：//www.cepp.sgcc.com.cn
责任编辑：刘汝青（010-63412382）　娄雪芳
责任校对：黄　蓓　朱丽芳
装帧设计：张俊霞　赵姗姗
责任印制：吴　迪

印　　　刷：三河市万龙印装有限公司
版　　　次：2024 年 3 月第一版
印　　　次：2024 年 3 月北京第一次印刷
开　　　本：787 毫米×1092 毫米　16 开本
印　　　张：11
字　　　数：159 千字
印　　　数：0001—1500 册
定　　　价：228.00 元

声　　明

一、本报告著作权归国网能源研究院有限公司单独所有。如基于商业目的需要使用本报告中的信息（包括报告全部或部分内容），应经书面许可。

二、本报告中部分文字和数据采集于公开信息，相关权利为原著者所有，如对相关文献和信息的解读有不足、不妥或理解错误之处，敬请原著者随时指正。

序 言

　　经过一年来的艰辛探索和不懈努力，国网能源研究院有限公司（简称国网能源院）遵循智库本质规律，思想建院、理论强院，更加坚定地踏上建设世界一流高端智库的新征程。百年变局，复兴伟业，使能源安全成为须臾不可忽视的"国之大者"，能源智库需要给出思想进取的回应、理论进步的响应。因此，对已经形成的年度分析报告系列，谋划做出了一些创新的改变，力争让智库的价值贡献更有辨识度。

　　在 2023 年度分析报告的选题策划上，立足转型，把握大势，围绕碳达峰碳中和路径、新型能源体系、电力供需、电源发展、新能源发电、电力市场化改革等重点领域深化研究，围绕世界 500 强电力企业、能源电力企业数字化转型等特色领域深度解析。国网能源院以"真研究问题"的态度，努力"研究真问题"。我们的期望是真诚的，不求四平八稳地泛泛而谈，虽以一家之言，但求激发业界共同思考，在一些判断和结论上，一定有不成熟之处。对此，所有参与报告研究编写的研究者，没有对鲜明的看法做模糊圆滑的处理，我们对批评指正的期待同样是真诚的。

　　在我国能源发展面临严峻复杂内外部形势的关键时刻，国网能源院对"能源的饭碗必须端在自己手里"，充满刻骨铭心的忧患意识和前所未有的责任感，为中国能源事业当好思想先锋，是智库走出认知"舒适区"的勇敢担当。我们深知，"积力之所举，则无不胜也；众智之所为，则无不成也。"国网能源院愿与更多志同道合的有志之士，共同完成中国能源革命这份"国之大者"的答卷。

国网能源研究院有限公司

2023 年 12 月

前　言

近年来，伴随能源结构加速调整，全球能源格局发生重大变化。2022 年数据显示，在全球经济缓步复苏、地缘政治冲突加剧等影响下，全球能源供需出现紧张局面，全年天然气、煤炭、电力等价格总体呈上涨趋势。中国是为数不多的保持能源价格相对稳定的国家之一。及时梳理和总结国内外天然气、煤炭等一次能源价格和电力、碳排放交易市场价格运行规律及变化趋势，加强相关比较研究，剖析能源价格热点问题，可为制定我国能源价格政策提供重要参考，服务于我国能源战略的落地实施。

《国内外能源与电力价格分析报告 2023》是国网能源院 2023 年度系列分析报告之一。自 2010 年以来，已经连续出版了 13 年，今年是第 14 年。本报告聚焦与电能直接和间接相关的煤、气、电、碳等价格，以供需波动、政策调整分析为基础，跟踪国内外典型国家与地区能源电力价格水平及变化趋势，着重把脉中国能源电力价格变化的内在逻辑，并就能源电力价格热点问题开展详细分析。

本报告共分为 5 章。第 1 章对国内和国际上北美地区、亚太地区、欧洲天然气市场价格，以及国际工业、居民用天然气价格开展梳理分析；第 2 章对中国、亚太地区、大西洋地区煤炭市场价格，以及国际动力煤及发电用煤价格开展梳理分析；第 3 章对国内外上网电价、输配电价、销售电价水平和变动趋势，以及居民用电与工业用电比价、输配电价与销售电价比价关系开展梳理分析；第 4 章对国内外碳市场价格开展梳理分析；第 5 章对目前电力行业主要的热点问题居民阶梯电价等进行专题研究。

本年度报告在持续关注发电一次能源，包括天然气、煤炭以及电力价格水平及变动趋势的基础上，以提供具有公信力的能源及电力价格数据和科学客观的分析为目标，力求内容系统实用，与时俱进反映电力价格变化因素，相对于前一年度做了以下调整：一是加大了国内外主要国家、地区能源与电力价格分析部分比重；二是结合我国能源尤其是电力行业发展情况，对国外电力行业发展及市场改革过程中的价格关键问题进行了专题分析；三是对能源电力价格产生重要影响的国内外碳市场价格进行分析。

　　限于作者水平，虽然对书稿进行了反复研究推敲，但难免会存在疏漏与不足之处，期待读者批评指正！

编著者

2023 年 12 月

目　录

概　　述

　　2022 年，全球经济缓步复苏、减碳运动持续推进，受能源危机、地缘政治冲突以及气候风险水平提高的影响，全球能源供需整体延续紧张情况，天然气、煤炭、电力等价格总体呈上涨趋势，中国是为数不多的能源价格保持相对稳定的国家之一。具体而言，天然气方面，2022 年天然气产量有所上升且消费量同比下降，但受地缘政治等因素影响，全球天然气价格高位震荡，天然气价格整体上升显著，中国天然气价格相对平稳、稍有上升，工业天然气和民用天然气价格在可获得数据国家中均处于较低水平；煤炭方面，煤炭价格较 2022 年煤炭价格有所上涨，中国煤炭消费量占全球煤炭总消费量超过一半，且在全球煤炭价格大幅上涨的背景下中国煤炭价格上涨幅度小于国际煤炭价格上涨幅度，电煤价格在国际上处于较高水平；电力方面，2022 年因国际天然气和煤炭等发电一次能源价格飙升，导致大部分国家电价明显上涨；中国上网电价在国际上处于中等水平，输配电价和销售电价总体处于较低水平，工业电价处于中等水平，居民电价处于较低水平，工业电价补贴居民和农业用电价格的程度较重。

　　报告的主要结论和观点如下：

　　（一）天然气价格

　　2022 年，国际天然气市场价格整体呈现上涨趋势，不同区域价格走势有差异。北美市场，以美国天然气进口价格为例，2022 年美国天然气进口价格的季节性特征较为明显，高峰期均价为 7.04 美元/mcf，低谷期均价为 6.59 美元/mcf，峰谷比为 1.07。欧洲市场，以德国港口天然气现货价（俄罗斯产）为例，

2022 年各月均价相较于 2021 年同比增长 135.8％。亚洲市场，以日本天然气进口价格为例，1—6 月价格维持在 14～17 美元/MMBtu 之间，6—9 月价格由 15.53 美元/MMBtu 上涨至全年最高的 23.73 美元/MMBtu，12 月下降至 20.58 美元/MMBtu，全年月均增长率为 3.11％。

2022 年，分用气类型来看，可获得数据国家中工业用天然气价格涨幅较为显著。北美方面，受天然气出口增加、产量恢复缓慢以及极端天气等因素影响，北美工业用天然气价格上涨明显，其中美国同比上升 43.6％，加拿大同比上涨 25.5％。**欧洲方面**，所关注国家（地区）中，绝大多数工业用天然气价格涨幅显著，其中土耳其、摩尔多瓦、罗马尼亚、西班牙、匈牙利分别同比上涨 528.1％、229.5％、225.7％、216.0％和 201.8％。**亚太地区方面**，中国工业用天然气价格 2022 年同比上升 14.4％，韩国同比涨幅为 76.1％。**2022 年，可获得数据国家中居民用天然气价格同比整体呈上涨趋势**。荷兰、瑞典、丹麦、捷克、瑞士、西班牙、意大利、希腊的居民用天然气价格高于 130 美元/（MW·h）。所关注国家中有三分之二左右含税价超过了 100 美元/（MW·h），整体价格同比显著提高。2022 年中国居民用天然气含税价格为 46.7 美元/（MW·h）。

2022 年，中国工业用天然气和民用天然气价格在所关注国家中位于较低水平。其中，工业用天然气含税价格在所列 29 个国家中排在第 26 位，居民用天然气含税价格在所列 30 个国家中排在第 27 位，工业和居民用天然气价格同比均稳中有升。

2023—2024 年，预计国际天然气价格将有所回落，在相对高位震荡。受经济增长疲软、替代能源利用增加、部分国家加强天然气消费管控等因素影响，国际天然气需求将有所减少，此外国际 LNG 供应能力有所增强，预计天然气供应紧张局面将稍微缓解，导致全球天然气价格较 2022 年回落，但保持在相对高位震荡。预计受天然气供给能力提升、进口气源供应稳定等因素影响，我国天然气供给整体较为宽松，预计 2023—2024 年我国天然气价格将略有回落，进口天然气价格将一定程度影响国内天然气的边际价格。

（二）煤炭价格

2022 年国内煤炭价格较 2021 年有所上涨，但相较于国际煤价的大幅上涨，我国煤价涨幅有限。 全年煤炭价格变化趋势可以分为四个阶段：一季度价格上涨，二季度价格出现企稳，三季度再现涨势，四季度逐步回落。中国煤炭市场价格波动主要受疫情、气候、国际局势等原因影响。由于国内供应平稳及中长期协议履约情况较好，动力煤价格相对平稳。煤炭供应方面，2022 年煤炭增产保供政策持续发力，国内煤炭产量稳步增加；受益于长协资源占比不断提升，电煤供应得到有效保障。煤炭进口方面，由于国际能源价格偏高，中国煤炭进口量有所下降。煤炭需求方面，由于经济企稳、高温气候等原因，增加了对煤炭需求。

国际煤炭价格方面，2022 年世界各主要区域煤炭价格上涨趋势一致，呈现倒 V 形变化形态。 澳大利亚受特大降雨和洪水阻碍煤炭生产和运输的影响，煤炭价格大幅走高，1—3 月澳大利亚纽卡斯尔港动力煤大幅上涨并接近 240 美元/t 关口，4—8 月呈缓慢下跌趋势并且稳定在 185～205 美元/t 的区间内，9—12 月加速下跌至 135 美元/t 位置。大西洋地区，1—3 月南非理查德港动力煤现货与欧洲三港动力煤现货价格受俄乌战争爆发影响，价格猛烈上涨，南非理查德港动力煤现货价格飙升至 286 美元/t，同比增长 327％，欧洲三港动力煤现货价格飙升至 320 美元/t，同比增长 363％。4—7 月走势出现分歧，欧洲三港动力煤现货价格保持小幅增长趋势，南非理查德港动力煤现货价格呈缓慢下跌趋势。8—12 月，各区域煤价回调。

煤炭价格展望方面，预计 2023—2024 年我国煤炭价格将呈稳步回落态势。 一是随着国内煤炭产能逐步释放，预计我国煤炭产量将稳步上升，有利于缓解煤炭供需矛盾；二是煤炭中长期协议签订逐渐规范，"压舱石"作用显著，进一步稳定煤炭价格；三是国际市场环境向好，2023 年初中国"放开"澳大利亚煤炭进口，将扩大煤炭来源，有助于进一步稳定国内煤炭市场。

（三）电力价格

2022 年，上网电价方面，我国上网电价略高于部分亚太国家，低于韩国、美国等发达国家。我国上网电价平均水平为 0.061 美元/（kW•h），与部分国家或地区（北欧、美国、澳大利亚、韩国）的上网电价（或批发电价）0.003～0.187 美元/（kW•h）相比较，位于各国中等水平。2022 年，能源危机使欧洲能源市场陷入动荡，导致德国批发电价飙升。2022 年，我国上网电价上涨9.5%；美国上网电价涨幅为 5.9%；北欧国家等受电力供需紧张及能源危机影响，上网电价大幅上涨，涨幅超过 100%。

我国输配电价仍低于欧美国家并且近年均维持较低水平。2022 年，我国的输配电价为 0.031 美元/（kW•h），低于罗马尼亚、爱尔兰等国家。美国由于电网改造和建设投资的增加，近十年来输配电价及其在总费用中的占比稳步提高。2022 年，我国输配电价基本保持平稳。

我国平均销售电价水平仍处于国际较低水平。2022 年，对美国、中国、新西兰、韩国等国家的各类用户平均销售电价比较，中国处于最低水平。可获得数据的国家（地区）工业电价水平为 0.075～0.315 美元/（kW•h），其中税费占比为 -35.9%～19.8%；居民电价为 0.082～0.518 美元/（kW•h），其中税费占比为 -49.2%～36.8%，中国的工业、居民电价分别为 0.099、0.082 美元/（kW•h），工业电价处于中下等水平，居民电价在 30 多个国家（地区）中位于倒数第一，税费占比也处于中下等水平。2018－2022 年，我国平均销售电价先下降后上升。在剔除通货膨胀因素后，美国、中国、新西兰、韩国销售电价年均增长率均不同程度降低，29 个国家（地区）居民与工业用户按电量加权的实际销售电价的年平均增长率均不同程度下降。

我国居民与工业电价比价低于发达国家。2022 年，德国、美国、英国、法国等 31 个国家（地区）的居民电价与工业电价比价平均约 1.44，其中我国为0.82，表明我国工业用户对居民用户存在交叉补贴。考虑到我国的居民用电量增加、工商业用户价格下降因素影响，交叉补贴规模较扩大。

2023—2024 年，预计我国销售电价将有一定幅度的上浮。2023 年，我国电力供需将保持总体平衡，受经济复苏和一次能源价格影响，我国平均销售电价将迎来一定幅度的上涨。在实现碳达峰、碳中和目标背景下，电力系统建设成本将逐步合理传导至用户侧，预期未来我国电价水平将有所上升。

（四）碳市场价格

2022 年中国碳市场价格较低，在欧盟、瑞士、英国、美国、中国等 9 个典型碳市场（价格为 8.64～98.99 美元/t）中最低。我国碳市场还处于初期，市场中较多控排企业获得的免费碳配额足够履行承诺，市场活跃度不足，价格上涨动力有限。

2018—2022 年，欧盟、美国、新西兰碳市场价格呈现上升态势。欧盟碳市场，2019 年市场稳定储备机制（MSR）开始运行，碳排放交易体系的配额供给减少，加上欧洲绿色复苏计划支持，碳价开始大幅上涨。2021 年，欧盟提出进一步收紧免费配额等减碳措施，加上能源危机共同影响，碳价屡创新高。2022 年初，受俄乌冲突及欧盟能源局势的影响，市场情绪悲观，碳价一度出现"腰斩"，在欧盟出台新政稳定市场信心后，碳价开始回升。

我国全国碳市场碳排放配额现货交易自 2021 年 7 月正式启动。动场价格在启动后至 2022 年 1 月期间处于 42～61 元/t 区间内波动，2022 年 2 月开始逐渐稳定在 55～59 元/t 的区间内。成交量 2021 年 12 月激增，此后总体下降，2022 年 9 月降至最低。成交量和价受履约影响较大，随着履约截止日期临近，量价齐升。

我国碳市场从长期来看，由于气候变化具有全球外部性、碳排放权具有全球自由流动的属性，碳价也将会向国际碳市场趋平。

（五）专题研究

（1）居民阶梯电价分析。

居民阶梯电价推行十年来，随着居民生活水平提高，居民电量增加，一档用户向二、三档用户转移，一档用户覆盖率下降；居民电费支出的增长低于居民可支配收入的增长；用户节电意识有所提高，并且切实享受到了降费的实惠，用户削峰填谷行为、用电取暖行为增多，谷段电量增长高于峰段和平段电量，各档居民平均执行电价下降。近年来，居民生活电量和电力负荷快速增长，成为电力供应形势紧张的重要因素，居民阶梯电价需要不断完善：一是推动全国统一执行居民月阶梯电价，在夏、冬用电高峰时段更及时、准确地反映电费信号；二是推广分时电价政策，在确保低谷价降幅大于高峰价涨幅基础上，适当提高峰价水平，拉大峰谷价差，向用户传导真实价格信号；三是加强居民电价政策及节能等宣传引导。

（2）我国需求响应价格机制问题分析及建议。

需求响应机制是调动需求侧资源积极性、提升需求响应实施成效的决定性因素。当前我国价格型需求响应存在的主要问题有：执行范围有限、峰谷电价时段划分不够精准、电力零售市场价格套餐分时信号传递不顺畅。下一步改革应全面推广分时电价，精准优化分时时段划分，合理拉大峰谷价差，在电力零售市场中加强分时信号指导，此外还应结合电力市场建立关键峰荷电价和实时电价等创新机制。当前我国激励型需求响应主要存在的问题有：一是政府定价的激励型需求响应补偿标准总体偏低；二是市场定价的激励型需求响应与电能量市场衔接不够紧密；三是各省对激励型需求响应尚未根据提前通知时间、响应时长等做精细化分类；四是激励型需求响应机制缺乏违约惩罚机制或惩罚标准偏低；五是需求响应资金来源不稳定。下一步改革应进一步提升激励水平，推动激励型需求响应机制与电力现货市场和带曲线中长期交易的耦合，细化激励型需求响应产品分类，建立需求响应合理基线标准和惩罚规则，进一步巩固响应资金来源渠道。

（3）逐步建立反映电力稀缺价值的价格体系。

通过价格信号反映电力稀缺价值，是实现市场在电力资源配置中起决定性作用、更好发挥政府作用的重要抓手。研究提出以下整体认识：一是电力稀缺价值内涵丰富，目前我国电价未能充分反映电力稀缺价值；二是我国电力稀缺价值定价，处于向市场主导方式转变的过渡阶段；三是新型电力系统建设下，新兴主体加快涌现，电力行业加快转型，要求加快提升对电力稀缺价值的价格形成能力。建议：一是重点针对基本具备推进条件且影响较大的主要突破口集中力量攻关，为下一步全面推进电价信号充分反映电力稀缺价值创造更好条件；二是实施路径上应积极研究、谨慎推进，建议采用试点先行的方式，在实践中发现并解决问题、总结经验，通过实际效果凝聚共识；三是重视推动电力市场体系同步整体完善。一方面，推动完善电力产品体系和市场体系建设，另一方面，推动形成有效市场竞争。

（4）电力定价监管权立法与监管信息披露的国际经验。

输配电价监管体系建设与实施极富挑战性，不同国家在其法律法规和经济管理体制之下，确立了与之相适应的电力价格监管权以及监管信息披露规制政策。经梳理发现，美国、英国的立法机关负责通过能源法条，赋予执法部门电价监管权，同时执法部门负责搭建全面、细致的电价监督管理机制体系；美国和英国为保障市场公平和用户权益，在电价监督管理中非常重视监管信息披露。未来，随着我国电力市场改革进一步深化，全国统一大市场加快建设，统一全国电力市场监管体制将不断完善，建立信息披露机制，加强和规范信息披露工作，进一步满足市场经营主体信息需求，维护市场经营主体合法权益将是政策进一步优化的重要方向。

（5）欧盟稳定电价措施分析及启示。

在低碳能源转型领域，作为全球碳中和进程的主要推动者，欧洲进行了较多能源转型的探索和部署，然而仍未能避免能源危机的发生。2021年，能源价格暴涨，全球能源供应紧张，给各国的政治经济带来了极大的挑战。由于新冠疫情后各国经济复苏，加上极端天气导致的供暖需求增加，使得能源市场需求上升。然而，欧洲各国激进的能源转型政策、对俄罗斯能源的高度依赖以及俄乌冲突发生后来自俄罗斯天然气进口的大幅下降等多种因素共同导致了本次能源危机的发生。欧盟层面为稳定电价出台了应急补贴、减免税、减少用能需求、限价、征收"暴利税"等短期措施指导，以及提出加强能源储备、促进用户参与市场、增加网络投资等长期措施建议。欧盟各成员国在欧盟指导措施框架下，因地制宜，主要采取了补贴、免税、征暴利税、限价、专场交易等多项措施。欧洲能源危机的发生表明，居安思危、强化能源底线思维是必要的。通过对欧洲能源危机的分析和研究，可以帮助中国吸取教训，完善能源安全战略；借鉴国外经验，加强能源风险应对能力；优化低碳能源转型布局，提升中国能源系统韧性。

1

天然气价格分析

1.1　天然气的生产与消费

1.1.1　世界及主要国家天然气生产和消费

2022 年，世界天然气产量较 2021 年有所下降，降幅为 0.2%。2022 年，世界天然气产量为 4.04 万亿 m^3，同比减少 96 亿 m^3。**从 2022 年世界天然气产量分布来看，美国与俄罗斯仍拥有世界最大天然气产量，**分别达到 9786 亿 m^3 和 6184 亿 m^3，分别占世界总产量的 24.2% 和 15.3%。我国天然气产量 2218 亿 m^3，占世界总产量的 5.5%，与 2021 年天然气产量相比，增幅为 6.0%。2022 年世界前十大主要产气国除俄罗斯、阿尔及利亚外，产量同比均有所增长，同比增幅位于 0.8%～7.45% 之间，俄罗斯和阿尔及利亚产量同比分别下降 11.9%、2.9%。世界天然气总产量方面，2018—2019 年世界天然气总产量稳步增长，2020 年有所回落，2021 年产量有所回升，2022 年较 2021 年稳中略降，2018—2022 年世界天然气产量年均增长 1.2%。2018—2022 年世界及主要国家（地区）天然气生产量如表 1-1 和图 1-1 所示。

表 1-1　　2018—2022 年世界及主要国家（地区）天然气生产量　　　　十亿 m^3

国家 （地区）	2018 年	2019 年	2020 年	2021 年	2022 年	年均 增长率 （%）	2022 年 同比增长 （%）	2022 年占 总量比例 （%）
美国	840.9	928.1	916.1	944.1	978.6	3.9	3.6	24.2
俄罗斯	669.1	679	638.4	702.1	618.4	−2.0	−11.9	15.3
伊朗	224.9	232.9	249.5	256.7	259.4	3.6	1.1	6.4
中国	**161.4**	**176.7**	**194**	**209.2**	**221.8**	**8.3**	**6.0**	**5.5**
加拿大	176.8	169.6	165.6	172.3	185	1.1	7.4	4.6
卡塔尔	175.2	177.2	174.9	177	178.4	0.5	0.8	4.4
澳大利亚	127.4	146.1	145.9	148.2	152.8	4.6	3.1	3.8
挪威	121.3	114.3	111.5	114.3	122.8	0.3	7.45	3.0
沙特阿拉伯	112.1	111.2	113.1	114.5	120.4	1.8	5.2	3.0

续表

国家 （地区）	2018 年	2019 年	2020 年	2021 年	2022 年	年均 增长率 （%）	2022 年 同比增长 （%）	2022 年占 总量比例 （%）
阿尔及利亚	93.8	87	81.4	101.1	98.2	1.2	－2.9	2.4
马来西亚	76.1	77.5	72.2	78	82.4	2.0	5.7	2.0
土库曼斯坦	61.5	63.2	66	79.3	78.3	6.2	－1.3	1.9
埃及	58.6	64.9	58.5	67.8	64.5	2.4	－4.9	1.6
阿联酋	52.9	56.2	50.6	58.3	58	2.3	－0.6	1.4
印度尼西亚	72.8	67.6	59.5	59.3	57.7	－5.6	－2.7	1.4
乌兹别克斯坦	58.3	57.5	47.1	50.9	48.9	－4.3	－4.0	1.2
阿根廷	39.4	41.6	38.3	38.6	41.6	1.4	7.7	1.0
尼日利亚	48.3	49.3	49.4	45.2	40.4	－4.4	－10.6	1.0
墨西哥	37.9	36.7	35.5	38.4	40.4	1.6	5.2	1.0
英国	40.6	39.3	39.6	32.8	38.2	－1.5	16.4	0.9
委内瑞拉	31.6	25.6	21.6	28.1	29.2	－2.0	4.0	0.7
巴基斯坦	34.2	32.7	30.6	32.7	28.7	－4.3	－12.2	0.7
特立尼达和多巴哥	34	34.6	29.6	24.7	26	－6.5	5.1	0.6
泰国	34.7	35.8	32.7	31.5	25.6	－7.3	－18.7	0.6
荷兰	32.5	27.7	20.1	18	15.1	－17.4	－16.5	0.4
世界合计	3855.8	3968.4	3860.6	4053.4	4043.8	1.2	－0.2	100

资料来源：《世界能源统计年鉴 2023》。

注 数据不包括放空燃烧或回收的天然气。

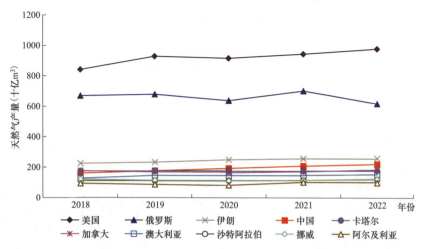

图 1-1　2018—2022 年世界主要国家（地区）天然气生产量变化趋势

　　2022 年世界天然气消费同比减少 3.1%，天然气使用量出现下降。2022 年本报告所关注的全球主要国家中，除美国、加拿大、沙特阿拉伯、乌兹别克斯坦、澳大利亚、委内瑞拉天然气消费量有所增长之外，其余国家的消费量均维持不变或同比下降。2018—2022 年，世界天然气消费量年均增长率为 0.7%。我国 2022 年天然气消费量 3757 亿 m³，同比降低 1.2%。**从世界主要国家天然气消费量占天然气总消费量的比重来看，美国是 2022 年天然气消费量最大的国家**，占世界天然气消费总量比重达 22.4%；其次是俄罗斯，占比为 10.4%；中国天然气消费量占比提高到 9.5%，较 2021 年 9.4% 的比重略有提升；再加上伊朗、加拿大、沙特阿拉伯、日本、墨西哥、德国、英国，十个国家共占全球消费总量的 63%。2018—2022 年世界及主要国家天然气消费量如表 1-2 和图 1-2 所示。

表 1-2　　2018—2022 年世界及主要国家（地区）天然气消费量　　　　十亿 m³

国家（地区）	2018 年	2019 年	2020 年	2021 年	2022 年	年均增长率（%）	2022 年同比增长（%）	2022 年占总产量比例（%）
美国	822.0	851.0	832.9	835.8	881.2	1.8	5.4	22.4
俄罗斯	454.5	444.3	423.5	474.6	408.0	-2.7	-14.0	10.4
中国	**283.9**	**308.4**	**336.6**	**380.3**	**375.7**	**7.3**	**-1.2**	**9.5**
伊朗	212.6	218.4	236.8	236.5	228.9	1.9	-3.2	5.8
加拿大	116.2	116.9	113.6	117.0	121.6	1.1	4.0	3.1
沙特阿拉伯	112.1	111.2	113.1	114.5	120.4	1.8	5.2	3.1
日本	115.7	108.1	104.1	103.6	100.5	-3.5	-3.0	2.5
墨西哥	90.3	93.4	94.5	97.3	96.6	1.7	-0.8	2.5
德国	85.9	89.3	87.1	91.7	77.3	-2.6	-15.7	2.0
英国	78.6	77.7	73.1	77.8	72.0	-2.2	-7.5	1.8
阿联酋	66.1	69.7	64.7	70.8	69.8	1.4	-1.3	1.8
意大利	69.2	70.8	67.6	72.4	65.3	-1.4	-9.8	1.7
韩国	57.8	56.0	57.5	62.4	61.9	1.7	-0.8	1.6
埃及	59.6	59.0	58.3	62.2	60.7	0.5	-2.43	1.5
印度	58.0	59.2	60.4	62.1	58.2	0.1	-6.3	1.5
土耳其	47.2	43.4	46.2	57.3	51.2	2.0	-10.6	1.3

续表

国家（地区）	2018 年	2019 年	2020 年	2021 年	2022 年	年均增长率（%）	2022 年同比增长（%）	2022 年占总产量比例（%）
马来西亚	44.7	45.2	43.6	49.4	49.4	2.5	−0.1	1.3
乌兹别克斯坦	44.4	44.6	43.6	46.5	48.3	2.1	3.9	1.2
阿根廷	48.7	46.6	43.9	45.9	45.7	−1.6	−0.45	1.2
泰国	50.0	50.9	46.9	47.0	44.3	−3.0	−5.7	1.1
阿尔及利亚	43.4	45.1	43.4	47.7	44.3	0.5	−7.2	1.1
澳大利亚	37.2	44.1	42.5	39.9	41.6	2.8	4.3	1.1
巴基斯坦	43.6	44.5	41.2	44.9	38.4	−3.1	−14.5	1.0
法国	42.8	43.7	40.6	43.0	38.4	−2.7	−10.8	1.0
印度尼西亚	44.5	44.0	37.5	37.1	37.0	−4.5	−0.2	0.9
卡塔尔	40.7	41.9	38.5	40.0	36.7	−2.6	−8.3	0.9
西班牙	31.5	36.0	32.5	34.3	33.1	1.2	−3.6	0.8
巴西	35.9	35.7	31.4	40.4	32.0	−2.8	−20.9	0.8
委内瑞拉	31.6	25.6	21.6	28.1	29.2	−2.0	4.0	0.7
荷兰	35.6	37.1	36.1	34.9	27.1	−6.6	−22.2	0.7
世界合计	3835.6	3905.8	3860.3	4067.1	3941.3	0.7	**−3.1**	**100**

资料来源：《世界能源统计年鉴 2023》。

注 数据不包括放空燃烧或回收的天然气。

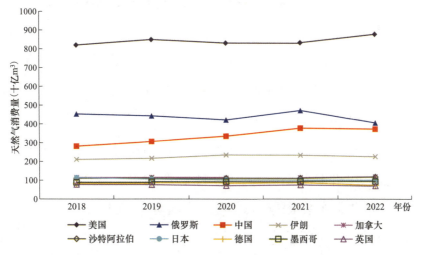

图 1-2 2018—2022 年世界及主要国家天然气消费量变化趋势

1.1.2　天然气贸易

从贸易总量来看，2022 年全球天然气贸易总量为 1.26 万亿 m³，同比增长 3.3%。其中管道天然气贸易量为 7184 亿 m³，同比增长 2.0%，占总贸易量比重为 57.0%；液化天然气（LNG）贸易量为 5424 亿 m³，同比增长 5.2%，占总贸易量比重为 43.0%，比重较 2021 年上升 0.7%。

天然气贸易的区域结构方面，亚太地区的中国、日本、韩国、印度和欧洲地区的德国、意大利、英国、法国是全球主要的天然气进口市场。中东地区、中亚地区以及横跨亚欧大陆的俄罗斯、北欧的挪威、北美洲的美国、大洋洲的澳大利亚是世界天然气的主要出口市场。

不同天然气贸易类型方面，管道天然气的主要贸易地区为欧洲和北美洲。管道天然气进口方面，2022 年管道天然气进口量占世界管道天然气进口总量较高的国家为美国、中国、墨西哥、加拿大。所关注的主要进口国家中，2022 年中国、美国、加拿大进口量同比有所上升，增幅分别为 9.7%、8.1% 和 2.6%，俄罗斯、巴西、阿联酋、墨西哥、白俄罗斯进口量同比呈下降趋势，降幅分别为 45.0%、13.6%、5.0%、3.7% 和 1.2%。**管道天然气出口方面，**主要国家中出口量份额较大的为俄罗斯、挪威、美国、加拿大和土库曼斯坦，其占比分别为 17.4%、16.3%、11.5%、11.4% 和 5.7%。上述主要出口国家中，2022 年挪威和加拿大的出口量同比分别增长 3.5% 和 8.1%，俄罗斯、美国和土库曼斯坦同比下降 37.7%、1.9% 和 3.2%。主要国家中 2018—2022 年年均增长率较高的国家是阿塞拜疆、伊朗和美国，分别为 25.1%、11.8% 和 5.1%，2018—2022 年出口降幅较大的国家为乌兹别克斯坦、哈萨克斯坦和俄罗斯，年均降幅分别为 34.9%、25.8% 和 13.4%。2018—2022 年世界及主要国家（地区）管道天然气进出口量如表 1-3、表 1-4、图 1-3 和图 1-4 所示。

表 1 - 3　2018－2022 年世界及主要国家（地区）管道天然气进口量　　　十亿 m³

国家（地区）	2018 年	2019 年	2020 年	2021 年	2022 年	年均增长率（%）	2022 年同比增长（%）	2022 年占总量比例（%）
德国	100.8	109.6	102.0	—	—	—	—	—
美国	76.7	73.3	68.2	75.9	82.1	1.7	8.1	11.4
中国	47.9	47.7	45.1	53.2	58.4	5.1	9.7	8.1
墨西哥	45.8	50.8	54.3	58.7	56.5	5.4	-3.7	7.9
加拿大	21.9	24.6	21.8	25.5	26.2	4.5	2.6	3.6
阿联酋	18.2	19.5	20.2	19.5	18.5	0.4	-5.0	2.6
白俄罗斯	19.0	19.0	17.6	18.7	18.5	-0.7	-1.2	2.6
俄罗斯	25.2	26.8	11.0	14.8	8.1	-24.6	-45.0	1.1
巴西	7.6	6.4	6.2	7.1	6.1	-5.2	-13.6	0.9
世界进口总量	805.4	801.5	755.8	704.4	718.4	-2.8	2.0	100

资料来源：《世界能源统计年鉴 2023》。

注　数据不包括放空燃烧或回收的天然气。

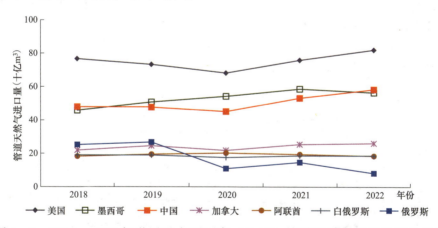

图 1 - 3　2018－2022 年世界及主要国家（地区）管道天然气进口量变化趋势

表 1 - 4　2018－2022 年世界及主要国家（地区）管道天然气出口量　　　十亿 m³

国家（地区）	2018 年	2019 年	2020 年	2021 年	2022 年	年均增长率（%）	2022 年同比增长（%）	2022 年占总量比例（%）
俄罗斯	222.4	220.7	197.4	201.3	125.3	-13.4	-37.7	17.4
挪威	114.3	109.1	106.9	112.9	116.8	0.5	3.5	16.3

续表

国家 (地区)	2018 年	2019 年	2020 年	2021 年	2022 年	年均 增长率 (%)	2022 年 同比增长 (%)	2022 年占 总量比例 (%)
美国	67.8	77.4	78.9	84.3	82.7	5.1	−1.9	11.5
加拿大	77.2	73.2	68.2	75.9	82.1	1.5	8.1	11.4
土库曼斯坦	35.2	31.6	31.6	42.1	40.7	3.7	−3.2	5.7
阿尔及利亚	38.9	26.7	26.1	38.9	35.5	−2.3	−8.8	4.9
阿塞拜疆	9.2	11.5	13.6	19.6	22.5	25.1	15.0	3.1
卡塔尔	20.2	21.5	21.8	21.1	20.1	−0.1	−4.7	2.8
伊朗	12.1	16.9	16.0	17.3	18.9	11.8	9.1	2.6
缅甸	10.6	11.5	10.8	10.6	10.6	−0.1	−0.4	1.5
玻利维亚	13.4	11.3	11.4	11.5	9.8	−7.4	−14.5	1.4
哈萨克斯坦	25.6	27.5	14.0	10.6	7.8	−25.8	−26.47	1.1
印度尼西亚	7.6	7.4	7.3	7.5	6.3	−4.7	−16.4	0.9
乌兹别克斯坦	14.0	13.2	4.6	4.5	2.5	−34.9	−44.1	0.4
世界出口总量	805.4	801.5	755.8	704.4	718.4	−2.8	2.0	100.0

资料来源：《世界能源统计年鉴 2023》。

注　数据不包括放空燃烧或回收的天然气。

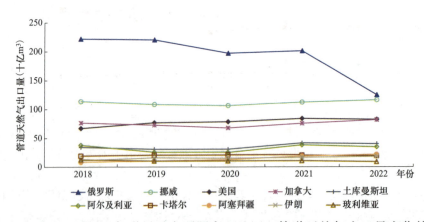

图 1-4　2018—2022 年世界及主要国家（地区）管道天然气出口量变化趋势

液化天然气（LNG）方面，主要进口国集中在亚太地区，主要出口国集中在北美洲、大洋洲、中东等地区。2022 年世界主要国家液化天然气进口量占世界总进口量比例最高的国家分别为日本、中国、韩国和法国，占比分别达到 18.1％、17.2％、11.8％和6.5％，中国2022年的进口LNG数量为932亿 m^3，较2021年下降167亿 m^3，同比下降15.2％，近年来首次出现负增长。2022年进口量较大的国家中同比增幅高于40％的国家有比利时、法国、英国、意大利和西班牙，上述国家主要集中在欧洲，本年度液化天然气需求增长较为强劲。2022年LNG的主要出口国包括卡塔尔、澳大利亚、美国、俄罗斯和马来西亚，其LNG出口量占世界总出口量的比例分别为21.0％、20.7％、19.2％、7.4％和6.9％，所关注国家中出口量同比增幅较大的国家有特立尼达和多巴哥、马来西亚和美国，同比增幅分别为19.7％、11.8％和10.2％。2018－2022年世界及主要国家（地区）液化天然气进出口量如表1-5、表1-6、图1-5和图1-6所示。

表 1－5　　2018－2022年世界及主要国家（地区）液化天然气进口量　　十亿 m^3

国家（地区）	2018年	2019年	2020年	2021年	2022年	年均增长率（％）	2022年同比增长（％）	2022年占总量比例（％）
日本	113.0	105.5	101.7	101.3	98.3	−3.4	−3.0	18.1
中国	73.5	84.7	94.0	109.9	93.2	6.1	−15.2	17.2
韩国	60.2	55.6	55.4	64.1	63.9	1.5	−0.4	11.8
法国	12.7	23.2	19.1	17.6	35.1	28.9	99.7	6.5
西班牙	15.0	22.0	20.9	20.4	28.8	17.7	41.2	5.3
印度	30.5	32.4	36.6	33.5	28.4	−1.8	−15.4	5.2
中国台湾	22.9	22.8	24.3	26.7	27.4	4.6	2.6	5.1
英国	7.2	17.1	18.6	14.9	25.3	37.2	69.4	4.7
土耳其	11.4	12.9	14.8	13.9	15.1	7.1	8.3	2.8
意大利	8.2	13.5	12.5	9.5	14.3	14.8	50.0	2.6
比利时	3.3	7.3	6.4	5.5	12.4	39.3	127.8	2.3
泰国	6.0	6.7	7.5	9.2	11.4	17.3	24.3	2.1
智利	4.3	3.3	3.7	4.5	3.3	−6.0	−25.1	0.6
巴西	2.9	3.2	3.3	10.1	2.3	−5.3	−77.2	0.4

续表

国家 (地区)	2018 年	2019 年	2020 年	2021 年	2022 年	年均 增长率 (%)	2022 年 同比增长 (%)	2022 年占 总量比例 (%)
阿根廷	3.6	1.8	1.8	3.7	2.3	−10.9	−38.8	0.4
美国	2.1	1.5	1.3	0.6	0.7	−25.5	11.1	0.1
墨西哥	6.9	6.6	2.5	0.9	0.6	−46.8	−38.2	0.1
加拿大	0.6	0.5	0.8	0.7	0.1	−35.4	−85.0	0.0
世界进口总量	430.4	484.2	490.0	515.7	542.4	6.0	5.2	100

资料来源：《世界能源统计年鉴 2023》。

注 数据不包括放空燃烧或回收的天然气。

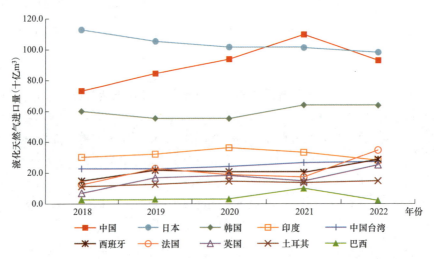

图 1-5 2018—2022 年世界及主要国家（地区）液化天然气进口量变化趋势

表 1-6 2018—2022 年世界及主要国家（地区）液化天然气出口量 十亿 m³

国家 (地区)	2018 年	2019 年	2020 年	2021 年	2022 年	年均 增长率 (%)	2022 年 同比增长 (%)	2022 年占 总量比例 (%)
卡塔尔	104.9	105.8	106.5	106.9	114.1	2.1	6.7	21.0
澳大利亚	91.8	104.7	106.0	108.5	112.3	5.2	3.5	20.7
美国	28.6	47.4	61.3	94.7	104.3	38.2	10.2	19.2
俄罗斯	24.9	39.1	41.8	39.5	40.2	12.7	1.6	7.4
马来西亚	33.0	35.2	32.5	33.5	37.4	3.2	11.8	6.9

续表

国家 （地区）	2018 年	2019 年	2020 年	2021 年	2022 年	年均 增长率 （%）	2022 年 同比 增长 （%）	2022 年占 总量比例 （%）
尼日利亚	27.8	28.8	28.4	23.4	19.6	−8.4	−16.1	3.6
印度尼西亚	20.8	16.5	16.8	14.6	15.5	−7.2	5.6	2.8
阿曼	13.6	14.1	13.2	14.1	15.0	2.5	6.1	2.8
阿尔及利亚	13.1	16.8	14.6	15.6	14.4	2.4	−7.6	2.7
巴布亚新几内亚	9.5	11.6	11.5	11.5	11.4	4.6	−1.2	2.1
特立尼达和多巴哥	16.6	17.1	14.3	9.1	10.9	−9.9	19.7	2.0
阿联酋	7.4	7.7	7.6	8.8	7.6	0.6	−13.3	1.4
文莱	8.5	8.8	8.4	7.5	6.4	−6.9	−14.8	1.2
世界出口总量	430.4	484.2	490.0	515.7	542.4	6.0	5.2	100.0

资料来源：《世界能源统计年鉴 2023》。

注　数据不包括放空燃烧或回收的天然气。

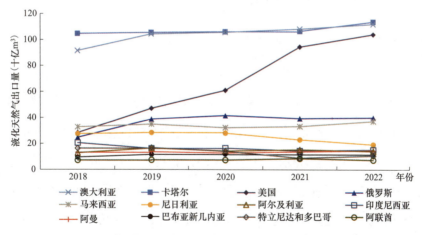

图 1-6　2018—2020 年世界及主要国家（地区）液化天然气出口量变化趋势

2022 年，我国天然气进口量同比有所下降，进口液化天然气（LNG）占比高于管道天然气。 2022 年我国累计进口天然气 1516 亿 m³，同比下降 7.1%。其中，LNG 进口量 932 亿 m³，占总进口量的 61.5%，较 2021 年下降 5.9%；管道天然气进口量 584 亿 m³，占总进口量的 38.5%。2022 年，我国天然气对外依存度约为 40.4%，较 2021 年下降约 2.5 个百分点。2022 年我国天然气产量同比增长 6%，有助于将天然气对外依存度控制在合理范围。

1.2 国内和国际天然气市场价格分析

全球天然气市场主要分为北美、欧洲和亚太三大市场。北美市场是高度竞争和全球最成熟的天然气市场，天然气价格完全由市场竞争形成。欧洲天然气市场正处于向竞争性市场过渡阶段，天然气价格主要采用与油价挂钩的定价机制。亚太市场中，日本和韩国作为 LNG 进口国，LNG 进口价格与日本进口原油综合价格（JCC）挂钩，其国内市场的天然气销售价格根据 LNG 进口成本的变化定期进行调整。中国进口天然气价格主要通过长协定价，计价方式与国际油价联系紧密。

1.2.1 国内液化天然气进口价格

2022 年中国液化天然气进口量为 932 亿 m^3，同比减少 15.2%。液化天然气进口量占总进口量的比例约为 61.5%。

中国 LNG 进口主要包含长协为主的定期购销协议以及现货采购协议。受国际市场供应偏紧影响，2022 年中国进口液化天然气价格整体水平同比上涨较为明显。中国 LNG 综合进口到岸价格指数在年初为 213.17，到 2 月初下降至年度最低点 107.79，随后呈波动上升趋势达到 10 月 16 日的年度最高点 311.41，12 月末指数值为 218.26。2022 年中国进口液化天然气价格指数如图 1-7 所示。

1.2.2 国际天然气市场价格整体情况及影响因素分析

2022 年，国际天然气市场价格增长显著，不同区域价格走势有差异，部分国家天然气价格受季节因素影响明显。分区域来看，北美市场方面，以美国天然气进口价格为例，2022 年美国天然气进口价格的季节性特征较为明显，高峰期均价为 7.04 美元/mcf，低谷期均价为 6.59 美元/mcf，峰谷比为 1.07。欧洲市场方面，以 2022 年德国港口天然气现货价（俄罗斯产）为例，全年各月平均价格为 37.52 美元/MMBtu，较 2021 年均值 15.91 美元/MMBtu 上涨 135.8％。亚洲市场，以日本天然气进口价格为例，1－6 月份价格维持在 14～17 美元/MMBtu 之间，7－12 月份价格水平有明显的上涨，最高达到 9 月份的 23.73 美元/MMBtu，全年的月均增长率为 3.11％。

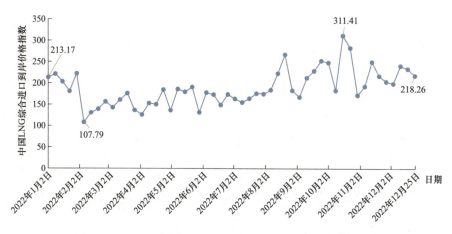

图 1-7　2022 年中国 LNG 综合进口到岸价格指数❶

资料来源：上海石油天然气交易中心网站。

受天然气价格水平较高以及全球经济增长乏力影响，2022 年国际天然气生产量和消费量都有所下降，同比降幅分别为 0.2％和 3.1％。然而，天然气国际供需形势的不稳定性以及局部国际关系紧张使天然气的供应相对偏紧，世界天然气总贸易量为 1.26 万亿 m³，较上年上涨约 3.3％，天然气价格同比整体呈上涨趋势，价格水平的走势也在一定程度上反映了全球的供求关系。

1.2.3　北美天然气市场

北美地区方面，美国天然气市场运行情况可以反映区域市场的运行特性。2022 年美国天然气进口量为 828 亿 m³，同比增长 8.2％。其中，管道天然气进口量

---

❶ 中国 LNG 综合进口到岸价格指数由海关总署全球贸易监测分析中心和上海石油天然气交易中心联合发布，基期：2018 年第一周，价格：2853 元/t，指数：100 点。

为 821 亿 m³，占总进口量的 99.2%，LNG 进口量为 7 亿 m³，占进口量的 0.8%。

2022 年美国天然气进口价格近似呈现波动增长趋势，进口均价由年初的 6.94 美元/mcf 下降至 3 月的 4.70 美元/mcf，然后逐步增长至 6 月的 7.03 美元/mcf，之后波动下降至 10 月的 4.67 美元/mcf，最后上涨至 12 月的 9.75 美元/mcf。价格具有一定的季节性波动特征，尤其在 1 月和 12 月价格水平较高，全年的进口均价为 6.28 美元/mcf，相较于上年 3.74 美元/mcf 的均价上涨 67.9%。分不同品种来看，进口管道天然气价格波动相对平缓，平均价格较低，为 6.11 美元/mcf；进口 LNG 价格波动较大，平均价格较高，为 20.53 美元/mcf，其中 11 月至 12 月价格飙升至 35 美元/mcf 以上。2022 年美国进口天然气价格走势如表 1-7 和图 1-8 所示。

表 1-7　　　　　　　2022 年美国进口天然气价格走势　　　　　美元/mcf

时间	天然气进口价格	进口管道天然气价格	进口 LNG 价格
2022 年 1 月	6.94	6.23	38.7
2022 年 2 月	5.67	5.25	29.3
2022 年 3 月	4.70	4.44	30.24
2022 年 4 月	5.49	5.49	7.36
2022 年 5 月	6.72	6.7	11.52
2022 年 6 月	7.03	7.03	9.16
2022 年 7 月	6.00	5.93	11.8
2022 年 8 月	6.62	6.51	14.89
2022 年 9 月	6.00	6.00	8.61
2022 年 10 月	4.67	4.67	8.51
2022 年 11 月	5.80	5.61	39.01
2022 年 12 月	9.75	9.46	37.25
全年均价	6.28	6.11	20.53
低谷期均价（5—8 月）	6.59	6.54	11.84
高峰期均价（1—2 月，11—12 月）	7.04	6.64	36.07
峰谷价格比	1.07	1.01	3.05

资料来源：美国能源信息局（Energy Information Administration）。

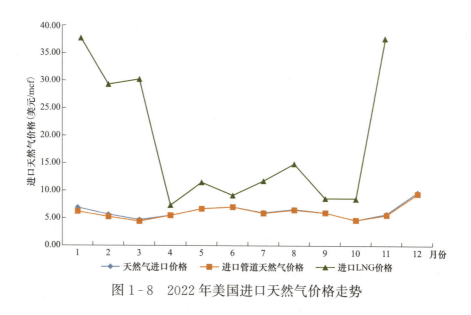

图 1-8　2022 年美国进口天然气价格走势

1.2.4　亚太地区天然气市场

亚太地区方面，中国、日本、韩国天然气消费与进口量较大，其天然气价格走势具有一定的相关性。2022 年，由于疫情对经济影响逐步降低，叠加地区贸易不稳定因素增强导致全球供应偏紧，天然气价格整体在相对高位运行，价格整体呈上涨趋势。以日本为例，2022 年日本进口 LNG 价格呈现先相对稳定后逐步上升再略微下降趋势，1—6 月份价格维持在 14～17 美元/MMBtu 之间，6—9 月份价格由 15.53 美元/MMBtu 上涨至全年最高的 23.73 美元/MMBtu，年底 12 月份下降至 20.58 美元/MMBtu，全年月均增长率为 3.11%。2022 年各月平均价格为 18.43 美元/MMBtu，相较于 2021 年的月均价格（10.76/MMBtu）上涨 71.28%。2022 年日本进口 LNG 价格走势如图 1-9 所示。

1.2.5　欧洲天然气市场

德国是欧洲最大的天然气消费国家，以 2022 年德国港口天然气现货价（俄罗斯产）为例介绍欧洲天然气市场价格变化情况，价格走势如图 1-10 所示。价格整体呈现波动震荡走势，其中在 3 月和 8 月分别形成了 41.73 美元/MMBtu

和 69.98 美元/MMBtu 两个价格高点。全年整体的平均价格为 37.52 美元/MMBtu，较 2021 年均值 15.91 美元/MMBtu 上涨 135.8%。2022 年欧洲天然气价格上涨主要是受地缘政治影响，天然气供应体系重构，部分国家提出较高的储气目标，产生了超常规的液化天然气需求，天然气市场供应较为紧张。

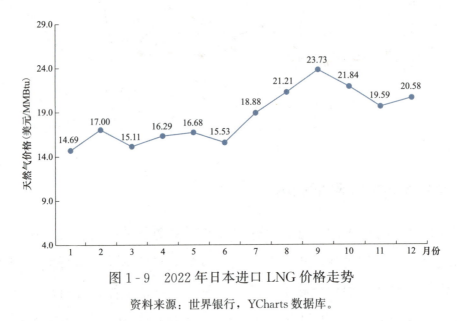

图 1-9　2022 年日本进口 LNG 价格走势

资料来源：世界银行，YCharts 数据库。

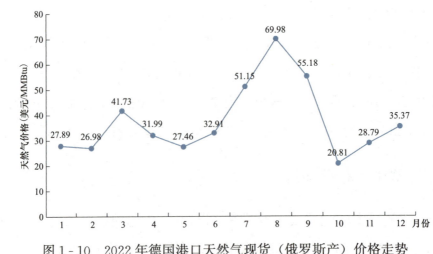

图 1-10　2022 年德国港口天然气现货（俄罗斯产）价格走势

资料来源：国际货币基金组织，Wind 数据库。

1.3　工业用天然气价格分析

在可获得数据的国家（地区）中，2022 年工业用天然气含税价格水平较高的国家为瑞典、芬兰、丹麦、希腊、立陶宛、拉脱维亚、瑞士、匈牙利和波兰，上述国家主要集中在欧洲地区，含税均价在 100 美元/（MW·h）以上；价格水平较低的国家为加拿大、美国、新西兰、中国和英国，含税价在 60 美元/（MW·h）以下。在 2022 年全球工业用天然气价格显著增长的背景下，中国工业用天然气含税价在所观测国家（地区）中处于相对较低水平，具有较为明显的成本优势。

从工业用天然气价格税负情况来看，本报告观测的多数国家对天然气征收消费税，部分国家征收增值税，中国对天然气征收增值税。各国工业用天然气的税价占含税价的比例大部分在 0%～23% 之间；税价占比较高的国家为瑞士、瑞典、土耳其、芬兰和德国，税价占含税价比例分别为 22.5%、17.8%、15.4%、15.0% 和 11.3%。2022 年部分国家（地区）工业用天然气含税价格、不含税价格及税价构成如表 1-8 所示。2022 年部分国家（地区）工业用天然气含税价格比较和不含税价格比较分别如图 1-11 和图 1-12 所示。

表 1-8　　　　2022 年部分国家（地区）工业用天然气含税价、

不含税价及税价构成　　　　　　　　　　美元/（MW·h）

国家（地区）	不含税价格	消费税	增值税	含税价格	税价占含税价比例（%）
瑞典	135.6	29.4	0.0	165.0	17.8
芬兰	125.8	22.2	0.0	148.0	15.0
丹麦	121.9	7.6	0.0	129.5	5.8
希腊	131.2	−19.6	0.0	111.6	−17.6
立陶宛	109.1	1.3	0.0	110.4	1.2
拉脱维亚	103.1	1.4	0.0	104.5	1.3

续表

国家 (地区)	不含税价格	消费税	增值税	含税价格	税价占含税价 比例（%）
瑞士	80.0	23.2	0.0	103.3	22.5
匈牙利	100.1	0.8	0.0	100.9	0.8
波兰	100.6	0.2	0.0	100.8	0.2
卢森堡	93.4	5.8	0.0	99.2	5.9
西班牙	95.8	0.6	0.0	96.4	0.6
奥地利	87.8	4.3	0.0	92.1	4.7
葡萄牙	86.3	1.9	0.0	88.2	2.2
土耳其	74.3	0.1	13.4	87.8	15.4
爱沙尼亚	77.9	2.3	0.0	80.1	2.8
比利时	77.6	0.9	0.0	78.6	1.2
捷克	76.9	1.3	0.0	78.2	1.7
斯洛伐克	76.7	1.4	0.0	78.1	1.8
爱尔兰	67.8	6.0	0.0	73.8	8.2
法国	67.3	6.0	0.0	73.3	8.2
荷兰	65.6	6.9	0.0	72.5	9.5
斯洛文尼亚	66.6	2.9	0.0	69.4	4.1
日本	67.0	0.0	0.0	67.0	0.0
德国	58.7	7.5	0.0	66.2	11.3
英国	55.5	2.7	0.0	58.2	4.6
中国	**51.1**	**0.0**	**4.6**	**55.7**	**8.3**
新西兰	25.8	1.1	0.0	26.9	4.1
美国	—	—	—	26.1	—
加拿大	14.5	0.0	0.7	15.2	4.7
平均	—	—	—	**84.7**	—

资料来源：1. 中国：Wind 数据库，43 个大中型城市工业天然气市场价（主流价）。

2. 其他国家：《World Energy Prices，2nd Quarter 2023》，IEA。

注　2022 年中国天然气销售增值税税率按 9% 计算。

图 1-11　2022 年部分国家（地区）工业用天然气含税价格比较

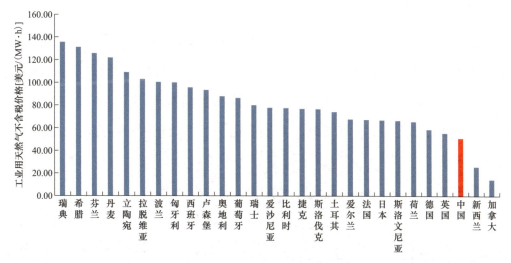

图 1-12　2022 年部分国家（地区）工业用天然气不含税价格比较

　　2018—2022 年工业用天然气价格变化趋势方面，近五年所关注国家中绝大多数价格成上涨趋势。整体来看，2022 年工业用天然气价格涨幅显著。

　　北美方面，2018—2022 年美国工业用天然气价格呈现出先降后升趋势，其中 2018—2020 年逐步上升，2021 年和 2022 年呈现上升趋势，2021 年上涨幅度较大，同比增长 67.3%，2022 年价格进一步上涨，同比增长 43.6%。加拿大工业用天然气价格在 2018 年、2019 年呈现下降趋势，2020—2022 年的价格整体呈上升趋势，其中 2022 年的同比增幅为 25.5%。

欧洲方面，2022 年所关注国家（地区）工业用天然气价格绝大多数涨幅显著，土耳其、摩尔多瓦、罗马尼亚、西班牙和匈牙利，分别同比上涨 528.1%、229.5%、225.7%、216.0% 和 201.8%，拉脱维亚、希腊、捷克、波兰、斯洛伐克、丹麦、奥地利、德国、斯洛维尼亚、英国、爱尔兰和瑞士的同比涨幅位于 60%~180% 之间。其中，全球能源价格上涨以及货币贬值是土耳其工业用天然气价格大幅上涨的主要原因。

南美地区，巴西天然气价格在 2018—2019 年呈现上涨趋势，2020 年同比出现了下降，2021—2022 年价格上涨显著，2021 年和 2022 年的同比涨幅分别为 31.7% 和 44.4%。

亚太地区，中国工业用天然气价格在 2018—2020 年先稳步上升后基本保持稳定，2021 年价格同比略有下降，降幅为 2.8%，2022 年同比上升 14.4%。2022 年韩国工业用天然气价格显著上涨，同比涨幅为 76.1%。

2018—2022 年部分国家（地区）工业用天然气价格及变化趋势如表 1-9 和图 1-13 所示。

表 1-9　　　　2018—2022 年部分国家（地区）工业用

天然气价格趋势比较　　　　　　本币/（MW·h）

国家（地区）	2018 年	2019 年	2020 年	2021 年	2022 年	2022 年均增长率（%）	2022 年同比增长（%）
土耳其	114.6	163.2	165.3	231.2	1452.5	88.7	528.1
摩尔多瓦	549.5	591.5	572.3	682.1	2247.4	42.2	229.5
罗马尼亚	160.7	191.6	178.0	229.8	748.4	46.9	225.7
西班牙	30.9	33.2	27.5	35.1	110.8	37.6	216.0
匈牙利	10 799.2	10 799.2	8983.7	15 816.9	47 737.1	45.0	201.8
拉脱维亚	37.3	33.7	28.9	43.3	120.1	34.0	177.4
希腊	34.6	36.3	26.2	44.2	112.3	34.3	154.4
捷克	848.6	907.3	817.9	955.2	2211.0	27.1	131.5
波兰	133.9	120.6	98.9	201.3	454.5	35.7	125.8

续表

国家 (地区)	2018 年	2019 年	2020 年	2021 年	2022 年	2022 年均 增长率 (%)	2022 年 同比增长 (%)
斯洛伐克	34.9	32.7	31.9	39.9	89.0	26.3	123.0
丹麦	330.1	275.4	237.9	521.0	1145.4	36.5	119.9
奥地利	38.2	33.8	30.9	47.9	105.0	28.7	119.0
德国	31.1	30.8	27.2	38.6	74.8	24.6	93.6
斯洛文尼亚	36.4	37.7	33.8	44.2	80.5	21.9	81.9
韩国	52 279.8	55 261.1	51 719.9	58 525.0	103 042.3	18.5	76.1
英国	24.0	22.7	20.8	29.4	49.6	19.9	68.9
爱尔兰	40.2	41.0	43.2	47.3	79.5	18.6	68.2
瑞士	69.2	71.4	65.7	65.3	106.2	11.3	62.6
巴西	151.9	208.4	195.3	257.2	371.5	25.1	44.4
美国	13.9	12.9	10.9	18.2	26.1	17.1	43.6
新西兰	30.5	28.2	29.5	36.7	48.7	12.4	32.9
加拿大	14.5	13.2	13.7	15.8	19.8	8.2	25.5
塞尔维亚	4631.5	4918.9	4361.5	4265.8	5255.1	3.2	23.2
中国	320.6	339.1	337.5	328.0	375.2	4.0	14.4
亚美尼亚	10 888.8	10 696.2	11 224.6	11 756.8	10 855.9	-0.1	-7.7

资料来源：1. 中国：Wind 数据库，43 个大中型城市工业天然气市场价（主流价）。

2. 其他国家：《World Energy Prices，2nd Quarter 2022》，IEA。

注 2022 年中国天然气销售增值税税率按 9% 计算。

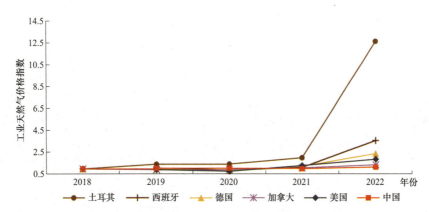

图 1-13　2018—2022 年部分国家（地区）工业用天然气价格变化趋势比较

1.4 居民用天然气价格分析

居民用天然气含税价格方面，2022年价格较高的国家是荷兰、瑞典、丹麦、捷克、瑞士、西班牙、意大利和希腊，其价格均高于130美元/（MW·h）。所关注国家中有三分之二左右含税价格超过了100美元/（MW·h），整体价格水平较2021年显著提高。价格水平较低的国家有土耳其、匈牙利和加拿大，其价格低于40美元/（MW·h）。2022年中国居民用天然气含税价格为46.7美元/（MW·h），在所观测国家中处于较低水平。

从居民用天然气税率情况来看，与工业用天然气不同，居民用天然气普遍征收增值税，部分国家还要征收环境税或碳税，中国居民用天然气征收增值税。本报告所观测的各国家和地区中天然气税费占含税价格的比例在0%～21.3%之间。其中，税费占含税价格比例较高的国家是匈牙利、瑞典和丹麦，其税费占居民天然气含税价的比例达到或超过了20%，分别为21.3%、20.0%和20.0%；观测的各国家和地区中税费占居民天然气含税价的比例较低的国家是波兰、意大利、英国和加拿大，其占比小于5%。2022年部分国家和地区居民用天然气含税价格、不含税价格及税价构成如表1-10所示。2022年部分国家（地区）居民用天然气含税价格比较和不含税价格比较分别如图1-14和图1-15所示。

表 1-10　　　2022年部分国家（地区）居民用天然气含税价、
不含税价及税价构成　　　　　　　　　　　　美元/（MW·h）

国家（地区）	不含税价格	消费税	增值税	含税价格	税价占含税价比例（%）
荷兰	219.9	48.4	56.4	324.7	17.4
瑞典	179.7	29.4	52.3	261.4	20.0
丹麦	151.7	−4.2	37.9	189.6	20.0
捷克	129.7	0.0	27.2	156.9	17.4

续表

国家 (地区)	不含税价格	消费税	增值税	含税价格	税价占含税价 比例（%）
瑞士	121.9	23.2	11.2	156.3	7.1
西班牙	111.9	2.5	18.6	132.9	14.0
意大利	124.6	0.9	6.2	131.7	4.7
希腊	130.5	−7.7	7.4	130.2	5.7
日本	117.7	0.0	11.8	129.4	9.1
德国	91.9	11.5	19.7	123.1	16.0
卢森堡	107.3	6.4	9.1	122.7	7.4
爱尔兰	105.6	6.0	11.0	122.7	9.0
比利时	108.3	2.2	11.6	122.1	9.5
智利	98.8	0.0	18.8	117.6	16.0
奥地利	83.7	7.2	18.2	109.1	16.7
英国	100.9	0.0	5.0	105.9	4.8
爱沙尼亚	83.6	4.0	17.5	105.1	16.7
新西兰	89.8	1.1	13.6	104.5	13.0
葡萄牙	76.1	8.6	18.7	103.3	18.1
法国	75.1	11.7	14.3	101.1	14.1
立陶宛	76.6	1.4	16.4	94.5	17.4
拉脱维亚	74.1	1.8	15.9	91.8	17.4
斯洛文尼亚	66.1	5.4	13.2	84.7	15.6
斯洛伐克	51.6	0.0	10.3	61.9	16.7
波兰	58.5	0.0	0.6	59.1	1.1
美国	—	—	—	48.9	—
中国	**42.9**	**0.0**	**3.9**	**46.7**	**8.3**
加拿大	34.2	0.0	1.7	35.9	4.8
匈牙利	25.7	0.0	7.0	32.7	21.3
土耳其	21.2	0.0	3.8	25.1	15.3
平均	—	—	—	**114.4**	—

资料来源：1. 中国：Wind 数据库，41 个大中型城市民用天然气市场价（主流价）。

2. 其他国家：《World Energy Prices, 2nd Quarter 2023》，IEA。

注 2022 年中国天然气销售增值税税率按 9% 计算。

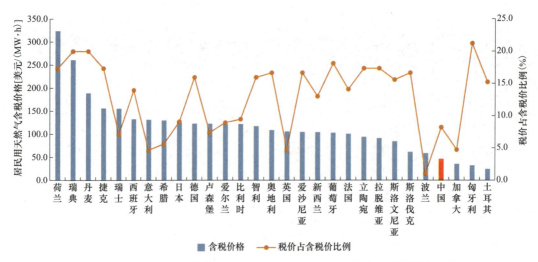

图 1-14　2022 年部分国家（地区）居民用天然气含税价格比较

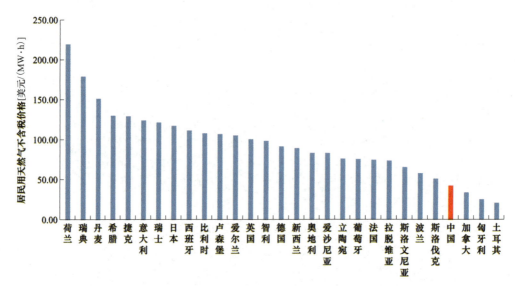

图 1-15　2022 年部分国家（地区）居民用天然气不含税价格比较

从总体变化趋势上看，2018—2022 年，各国家（地区）居民用天然气价格呈现出不同的变化趋势，绝大多数国家价格的年均增长率为正，年均增长率较高的国家有荷兰、摩尔多瓦、罗马尼亚、捷克和立陶宛，年均增长率分别为 29.9%、26.7%、24.1%、23.7% 和 23.5%；价格年均增长率较低的国家有塞尔维亚和吉尔吉斯斯坦，分别为 -0.2% 和 -0.1%。

从 2022 年居民天然气价格数据看，所关注国家中约有五分之四同比增幅在 10%以上，价格普遍同比有所上涨，有六个国家同比增长超过了 100%，荷兰、摩尔多瓦、罗马尼亚、捷克、立陶宛和土耳其增幅最为显著。欧洲地区，所关注国家的居民天然气价格普遍上涨，荷兰、摩尔多瓦、罗马尼亚、捷克、立陶宛、土耳其、英国、保加利亚、德国、爱尔兰、阿根廷、奥地利和瑞士增幅较为显著，同比增幅在 50%以上。北美地区，2022 年美国居民天然气价格同比上涨 20.8%，加拿大的居民天然气价格同比上涨 20.7%。亚太地区，中国居民天然气价格基本保持稳定，同比增长 1.2%，韩国同比增长 11.5%。

2018—2022 年部分国家和地区居民用天然气价格及变化趋势如表 1-11、图 1-16 所示。

表 1-11　　　　　　2018—2022 年部分国家（地区）

居民用天然气价格比较　　　　　　本币元/（MW·h）

国家（地区）	2018 年	2019 年	2020 年	2021 年	2022 年	2022 年均增长率（%）	2022 年同比增长（%）
荷兰	80.5	92.8	95.2	108.3	308.4	29.9	184.8
摩尔多瓦	537.9	588.8	556.0	741.8	1910.4	26.7	157.6
罗马尼亚	157.0	161.2	155.9	195.0	462.1	24.1	137.0
捷克	1519.6	1583.1	1579.9	1563.2	3665.5	23.7	134.5
立陶宛	40.2	42.8	37.1	38.6	89.7	23.5	132.4
土耳其	124.1	150.7	182.9	202.4	414.6	19.6	104.8
英国	44.6	45.7	41.7	41.4	78.6	17.4	90.0
保加利亚	79.9	87.1	72.8	105.5	189.4	15.7	79.5
德国	65.3	67.9	68.2	71.4	116.9	13.1	63.6
爱尔兰	74.6	75.9	75.4	74.1	116.5	12.0	57.2
阿根廷	692.1	1203.3	1299.6	1410.5	2188.8	11.6	55.2
奥地利	70.0	68.7	67.4	68.0	103.6	11.1	52.5

续表

国家 （地区）	2018 年	2019 年	2020 年	2021 年	2022 年	2022 年均 增长率 （%）	2022 年 同比增长 （%）
瑞士	98.5	102.4	96.3	98.7	149.3	10.9	51.2
斯洛文尼亚	55.3	56.7	56.7	55.8	80.4	9.6	44.2
巴西	422.8	547.5	602.1	614.4	863.0	8.9	40.5
西班牙	81.9	89.9	86.8	90.6	126.3	8.7	39.4
波兰	193.1	198.7	191.0	192.9	263.6	8.1	36.7
波黑	63.7	65.4	70.4	67.0	85.7	6.4	28.0
斯洛伐克	47.5	48.7	53.2	47.9	58.8	5.3	22.8
美国	34.6	34.5	35.8	40.5	48.9	4.8	20.8
加拿大	33.6	34.5	33.0	38.8	46.8	4.8	20.7
智利	75 412.7	78 829.5	80 738.8	85 573.4	102 727.2	4.7	20.0
阿塞拜疆	9.2	9.2	9.2	9.2	11.1	4.7	20.0
新西兰	143.7	144.5	141.8	144.1	164.8	3.4	14.4
克罗地亚	36.4	39.1	38.3	38.6	43.1	2.8	11.7
韩国	63 702.8	66 115.2	65 050.4	60 684.3	67 634.8	2.7	11.5
匈牙利	11 242.4	11 242.4	11 008.3	10 963.5	12 182.8	2.7	11.1
格鲁吉亚	45.8	46.1	44.6	45.3	50.2	2.6	10.8
亚美尼亚	12 776.0	12 610.7	12 786.3	12 664.4	13 106.8	0.9	3.5
哈萨克斯坦	1655.8	1656.5	1641.3	2244.8	2314.7	0.8	3.1
中国台北	1244.7	1310.7	941.2	857.0	876.1	0.6	2.2
中国	**284.7**	**311.0**	**313.1**	**311.3**	**314.9**	**0.3**	**1.2**
乌兹别克斯坦	27 255.2	33 140.1	36 105.5	36 105.5	36 105.5	0.0	0.0
吉尔吉斯斯坦	1323.5	1379.1	1489.9	1651.3	1646.1	−0.1	−0.3
塞尔维亚	4001.7	4023.8	4003.5	3993.5	3956.7	−0.2	−0.9

资料来源：1. 中国：Wind 数据库，41 个大中型城市民用天然气市场价（主流价）。

2. 其他国家：《World Energy Prices，2nd Quarter 2023》，IEA。

注 2022 年中国天然气销售增值税税率按 9% 计算。

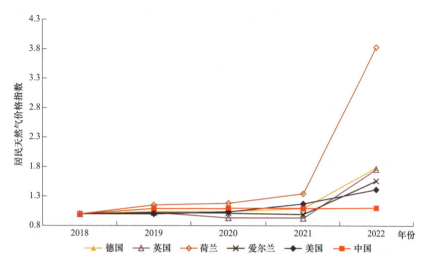

图 1-16 2018—2022 年部分国家（地区）居民用天然气价格变化趋势比较

1.5 国际天然气现货价格展望

2023—2024 年，预计受经济增长疲软、可再生能源发电量上升、部分国家设定减少天然气消费的目标等因素影响，国际天然气需求量有所减少，供应紧张局面稍微缓解，导致全球天然气价格较 2022 年回落，但保持在相对高位震荡。考虑到产能、国际贸易及供需关系等因素，北美市场价格降幅较为显著，欧洲受消费量削减、天然气储备较为充足和能源转型因素影响，价格有所降低，亚洲整体呈温和复苏态势，在需求疲弱的抑制下，价格逐步走低，定价逐步回归基本面。整体来看，疫情后受贸易摩擦和贸易保护主义、政策风险和不确定性、地缘政治和局部风险等因素影响，2023—2024 年全球经济增长疲软，且随着全球能源绿色低碳转型发展，可再生能源发电量上升对天然气发电需求形成替代作用，同时欧洲部分国家为了应对地缘政治的不确定性，提出了减少天然气消费量的目标，预计天然气需求量有所减少。此外，在 2022 年高天然气价格的刺激下，国际液化天然气供应能力有所提升。预计 2023—2024 年天然气的整体需求将呈现相对宽松的局面，天然气价格将有所降低，在相对高位保持震荡。然而，天然气价格受到供求关系、地缘政治、极端天气、能源转型、工业发展情况等多元化因素的共同影响，具有一定的不确定性。

具体分区域看，北美方面，天然气产量仍较为充足，随着欧洲天然气库存量的上升，且全球范围内天然气需求量增长相对有限，将影响其天然气出口，预计天然气价格将有所下降；**欧洲方面，**受欧盟 REPowerEU 计划、削减天然气需求目标的制定以及欧洲制造业持续低迷影响，天然气需求量预计有所减少，叠加欧洲天然气库存维持在相对较高水平，天然气供应相对充足，整体供需形势相对宽松，预计欧洲天然气价格将有所下降，在相对高位震荡，局部时段会随着天气变化或国际局势影响有所波动；**亚太地区方面，**预计整体呈现温和复苏态势，在需求疲弱的抑制下，预计 2023－2024 年价格有所回落，定价逐渐回归基本面。

中国方面，二十大报告指出要"深入推进能源革命""加快建设新型能源体系"，未来天然气在加强能源强国建设及提升能源安全保供能力中的地位将更为突出。**在需求方面，**随着疫情后国内正常生产生活秩序的恢复，居民消费和服务业有望稳步增长，带动工商业、交通和发电用气的增长，工业用气增长将受到国际需求、出口额等因素影响，存在一定不确定性。整体来看，经济恢复对天然气市场复苏形成稳定支撑，预计未来年度消费量将较 2022 年稳步增长。**在供给方面，**预计国内天然气生产仍将保持较高积极性，随着国际天然气市场价格的回调，进口天然气的供给量有望进一步回升，叠加我国将进一步通过加强国际贸易与合作、加强管网建设等措施保障气源稳定供应并提升天然气供给能力，天然气供给整体较为宽松。综合来看，国产气源和进口长协气仍将发挥保供稳价的关键作用，受国际上天然气供应紧张有所缓解，国内天然气供应能力持续提升影响，预计 2023－2024 年天然气价格将略有回落，进口天然气价格将一定程度影响国内天然气的边际价格。

1.6 小　　结

本章从天然气的生产与消费、国际天然气市场价格、工业用天然气价格和居民用天然气价格等维度对天然气的市场情况进行了分析，并对未来国际天然气市场价格进行了展望。

2022 年全球天然气价格从整体水平上看价格上涨显著，主要原因是局部冲突导致的地缘政治危机使天然气市场发生结构性调整，液化天然气贸易需求显著上升，导致供应形势紧张，推高了天然气国际市场价格。展望 2023—2024 年，国际天然气供应紧张局面将有一定缓解，因高气价被抑制的部分消费将有所复苏，经济发展的恢复也将进一步提振天然气的需求，此外天然气储备仍将会被视作保证能源供给的战略性资源备受各国重视。预计天然气价格将较 2022 年有所下降，但仍在相对高位震荡。

（本章撰写人：李炎林　审核人：尤培培、张超）

2

煤炭价格分析

2.1 煤炭的生产、消费与贸易

2.1.1 煤炭的生产和消费

2022 年，世界煤炭产量 88.0 亿 t，较上年 81.6 亿 t 增加 7.9%。中国煤炭产量 45.6 亿 t，约占全球煤炭产量的 51.8%，居世界各国之首；印度煤炭产量 9.1 亿 t，位居第二；印度尼西亚、美国、澳大利亚和俄罗斯煤炭产量超过或等于世界总产量的 5%。煤炭主要生产国中，印度、印度尼西亚、土耳其和中国增速均超过 10%，其中印度为 12.1%、印度尼西亚为 12.0%；中国同比增长 10.5%，中国增产绝对量最大。2012—2022 年，世界煤炭产量年均增长 0.8%；主要生产国中，印度尼西亚、印度、土耳其和俄罗斯煤炭产量十年增速超过 2%，美国、德国和波兰煤炭产量十年减产超过 2%；中国煤炭产量近十年增速略高于世界平均水平，年均增长 1.5%。2020—2022 年主要煤炭生产国（地区）煤炭产量及增速如表 2-1 所示。

表 2-1　　2020—2022 年主要煤炭生产国（地区）煤炭产量及增速　　　　亿 t

国家（地区）	2020 年	2021 年	2022 年	2022 年同比增长（%）	2012—2022 年均增长（%）	2022 年占总产量比例（%）
中国	39.0	41.3	45.6	10.5	1.5	51.8
印度	7.6	8.1	9.1	12.1	5.2	10.3
印度尼西亚	5.6	6.1	6.9	12.0	6.0	7.8
美国	5.9	5.2	5.4	3.0	−5.2	6.1
澳大利亚	5.7	5.6	5.4	−3.7	−0.1	5.0
俄罗斯	5.0	5.3	5.4	1.1	2.1	5.0
南非	2.5	2.3	2.3	−1.7	−1.3	2.6
德国	1.1	1.3	1.3	5.9	−3.8	1.5
哈萨克斯坦	1.1	1.2	1.2	1.5	−0.2	1.3

续表

国家 （地区）	2020 年	2021 年	2022 年	2022 年 同比增长 （%）	2012—2022 年 均增长 （%）	2022 年占 总产量比例 （%）
波兰	1.0	1.1	1.1	-0.2	-2.9	1.2
土耳其	0.7	0.9	1.0	11.1	3.0	1.1

资料来源：《EI Statistical Review of World Energy 2023》，EI。

2022 年，世界煤炭消费量 161.5EJ（折合约 55.2 亿 tce），其中中国煤炭消费 88.4EJ（折合约 30.2 亿 tce），占全球煤炭消费量的 54.8%，消费量居世界各国第一；印度和美国煤炭消费量占比分别为 12.4% 和 6.1%，位居第二、三位；日本、印度尼西亚、南非和俄罗斯煤炭消费量也超过或等于世界总消费量的 2%。与 2021 年相比，2022 年世界煤炭消费量增长 0.6%；主要消费国中，印度尼西亚、印度和德国煤炭消费量增速超过 4%，分别达到 59.4%、4.1% 和 4.1%，中国同比增长 1.0%。2012—2022 年，世界煤炭消费量年均增长不明显，涨幅仅 0.2%；越南、印度尼西亚和印度三个亚洲国家煤炭消费量近十年年均增速较高，分别达到 11.8%、9.2% 和 4.0%；美国、德国明显负增长，降低 5.5% 和 3.6%；中国年均消费量增长 0.9%。2020—2022 年主要煤炭消费国（地区）煤炭消费量及增速如表 2 - 2 所示。

表 2 - 2　　2020—2022 年主要煤炭消费国（地区）煤炭消费量及增速　　　　EJ

国家 （地区）	2020 年	2021 年	2022 年	2022 年 同比增长 （%）	2012—2022 年 均增长 （%）	2022 年占 总消费量比例 （%）
中国	85.2	87.5	88.4	1.0	0.9	54.8
印度	17.0	19.3	20.1	4.1	4.0	12.4
美国	9.2	10.6	9.9	-6.7	-5.5	6.1
日本	5.6	5.9	5.9	-0.3	0.1	3.0
印度尼西亚	2.8	2.7	5.4	59.4	9.2	2.7
南非	3.7	3.5	3.3	-5.6	-1.1	2.1
俄罗斯	3.3	3.4	3.2	-6.8	-2.5	2.0

国家 （地区）	2020 年	2021 年	2022 年	2022 年 同比增长 （%）	2012—2022 年 均增长 （%）	2022 年占总 消费量比例 （%）
韩国	3.0	3.0	2.9	－5.3	－1.6	1.8
德国	1.9	2.2	2.3	4.1	－3.6	1.4
越南	2.2	2.2	2.0	－5.0	11.8	1.3
波兰	1.7	1.9	1.8	－5.2	－1.7	1.1
土耳其	1.7	1.7	1.7	0.5	1.4	1.1
中国台湾	1.6	1.7	1.6	－5.7	－0.4	1.0
澳大利亚	1.7	1.6	1.6	－4.8	－2.5	1.0
哈萨克斯坦	1.4	1.4	1.4	2.2	－1.0	0.9

资料来源：《EI Statistical Review of World Energy 2023》，EI。

2.1.2 煤炭贸易

2022 年，世界煤炭贸易量 32.5EJ，较 2021 年减少 3.5%。各主要煤炭进口国家和地区中，中国煤炭进口占全球煤炭进口量的 18.0%，居世界各国第一，印度、欧洲、日本和韩国进口量占全球煤炭进口量比例超过 10%。与 2021 年相比，主要进口国和地区中，欧洲煤炭进口量增速达到 10.0%；印度进口量增速 6.7%；中国同比减少 12.6%。2012—2022 年，印度十年年均进口量增速最高，达到 3.2%；中国负增长，为 2.7%。2020—2022 年主要煤炭进口国（地区）煤炭进口量及增速如表 2-3 所示。

表 2-3　2020—2022 年主要煤炭进口国（地区）煤炭进口量及增速　　　EJ

国家 （地区）	2020 年	2021 年	2022 年	2022 年 同比增长 （%）	2012—2022 年 均增长 （%）	2022 年占总 进口比例 （%）
中国	6.6	6.7	5.8	－12.6	－2.7	18.0
印度	5.8	5.7	5.0	6.7	3.2	15.4
欧洲	3.9	5.4	5.9	10.0	－1.8	15.0

续表

国家 （地区）	2020 年	2021 年	2022 年	2022 年 同比增长 （%）	2012—2022 年 均增长 （%）	2022 年占总 进口比例 （%）
日本	5.6	5.8	5.8	−0.5	−0.5	14.8
韩国	3.3	3.4	3.3	−0.3	0.1	10.3

资料来源：《EI Statistical Review of World Energy 2023》，EI。

2022 年，各主要煤炭出口国家和地区中，印度尼西亚、澳大利亚和俄罗斯出口量占总出口比例分别为 28.3%、25.8% 和 16.5%，位居前三位；美国、南非和哥伦比亚出口量占比也超过 4%；中国出口占比 1.0%。与 2021 年相比，主要出口国和地区中，蒙古煤炭出口量增长明显，达到 76.9%。2012—2022 年，俄罗斯十年年均出口量增速最高，达到 5.2%。2020—2022 年主要煤炭出口国（地区）煤炭出口量及增速如表 2 - 4 所示。

表 2 - 4　　2020—2022 年主要煤炭出口国（地区）煤炭出口量及增速　　　　EJ

国家 （地区）	2020 年	2021 年	2022 年	2022 年 同比增长 （%）	2012—2022 年 均增长 （%）	2022 年占总 出口比例 （%）
印度尼西亚	8.8	9.0	9.2	2.1	1.2	28.3
澳大利亚	9.3	9.6	8.4	−13.0	0.5	25.8
俄罗斯	5.7	6.1	5.4	−12.1	5.2	16.5
美国	1.7	2.2	2.2	2.9	−2.9	6.9
南非	1.8	1.7	1.7	3.6	−2.4	5.4
哥伦比亚	1.8	1.7	1.6	−5.7	−3.4	5.9
加拿大	0.9	1.0	1.0	0.7	−0.1	3.0
蒙古	0.8	0.5	0.9	76.9	3.3	2.7
中国	0.2	0.3	0.3	12.8	1.3	1.0
欧洲	0.2	0.2	0.2	−35.0	−2.0	0.5

资料来源：《EI Statistical Review of World Energy 2023》，EI。

2022 年，我国全年进口煤炭 29 332 万 t，出口煤炭 401 万 t，净进口煤炭 28 931 万 t。具体来看，进口方面，我国 9 月煤炭进口量（3304 万 t）最高，2

月（1123 万 t）最低，与以往年度形成较大差异。印度尼西亚依然为我国最大煤炭进口国，俄罗斯和蒙古分别排在二、三位，澳大利亚退出煤炭进口国前五处于第七位，从蒙古进口煤炭规模明显增加。出口方面，我国煤炭出口量 3 月（7 万 t）最低，6 月（52 万 t）最高。主要出口国家为印度尼西亚、日本与韩国，出口目的国集中度进一步提高，详见图 2-1 及表 2-5。

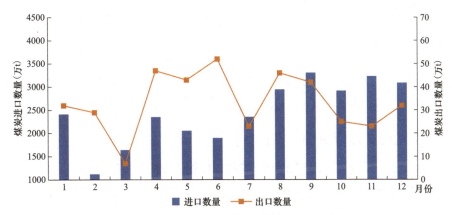

图 2-1　2022 年我国各月煤炭进出口数量

资料来源：中国煤炭市场网。

表 2-5　　　　　2022 年我国主要煤炭进出口国（地区）情况

对外进出口国家（地区）		煤炭量（万 t）	价格（美元/t）
进口	印度尼西亚	17 065.4	110.4
	俄罗斯	6806.4	176.7
	蒙古	3115.8	162.0
	加拿大	866.3	365.6
	美国	452.2	403.5
	菲律宾	445.2	122.9
	澳大利亚	285.6	116.2
	南非	107.4	229.5
出口	印度尼西亚	167.9	408.7
	日本	101.5	401.3
	韩国	49.2	412.4
	马来西亚	10.1	283.9

资料来源：中国煤炭市场网。

2.2　国内外煤炭市场价格

2.2.1　中国国内煤炭市场价格

2022 年受需求上涨、疫情扰动、国际价格上涨等因素影响，我国煤炭价格处在高位运行。因疫情、安全事故、铁路检修及国际动力煤价格上涨效应外溢等因素影响，2022 年部分时段煤炭价格大幅上涨，3 月曾达到 1717 元/t 的高价。

（一）秦皇岛动力煤价格

2021－2022 年，我国秦皇岛动力煤平仓价分月区间如表 2-6 所示。

因国家政策要求，我国煤炭供应保障有力，一定程度助力在国际煤炭价格大幅上涨时稳定国内煤价。受国家政策要求影响，煤、电企业在全年用煤量签约、电煤中长期合同履约情况良好，电煤中长期履约率显著提升，有助于保障煤炭供应及稳定煤炭价格。

1 月受冬季供暖因素影响，煤炭需求增加，但受春节前夕期间生产特性变化、下游用能需求降低等因素影响，1 月价格仍保持相对稳定，山西优混（5500 大卡）平仓价为 978～1006 元/t。2 月春节假期导致终端需求减弱，煤炭价格仍保持相对稳定区间，山西优混（5500 大卡）平仓价与 1 月持平为 993～1004 元/t。3 月下游企业逐步复工复产，带动煤炭需求上升，另一方面，受国际煤炭价格上涨影响，3 月初秦皇岛动力煤价格大幅上涨，山西优混（5500 大卡）平仓价上涨到 1181～1717 元/t。4 月在两会结束后，主要煤炭产地供应量增长，叠加需求疲弱等因素，煤炭价格相对稳定，山西优混（5500 大卡）平仓价逐步下降至 1117～1311 元/t。之后受终端需求增大、安全约束收紧、铁路检修等因素影响，我国煤炭价格长期处于高位，公布的山西优混（5500 大卡）价格在 1155 元/t。2021－2022 年秦皇岛山西大混动力煤价格区间变化趋势如图

2-2所示。

表 2-6 2021—2022 年秦皇岛动力煤平仓价格分月区间   元/t

交易日	山西优混	山西大混	普通混煤
2021 年 1 月	805～1015	710～930	650～805
2021 年 2 月	571～750	499～650	449～585
2021 年 3 月	571～719	499～639	441～560
2021 年 4 月	723～799	635～714	559～630
2021 年 5 月	809～956	724～865	640～773
2021 年 6 月	898～1007	792～910	670～770
2021 年 7 月	947	875	770
2021 年 8 月	946～947	875	770
2021 年 9 月	946	875	770
2021 年 10 月	946	875	770
2021 年 11 月	946	875	770
2021 年 12 月	793～828	686～875	505～770
2022 年 1 月	978～1006	692～985	528～846
2022 年 2 月	993～1004	856～1025	769～920
2022 年 3 月	1181～1717	1061～1580	952～1419
2022 年 4 月	1117～1311	932～1091	836～979
2022 年 5 月	—	1017～1050	912～942
2022 年 6 月	—	1045～1050	930～945
2022 年 7 月	—	1013～1050	901～945
2022 年 8 月	1139～1155	1006～1050	895～945
2022 年 9 月	1155	1050	945
2022 年 10 月	1155	1050	945
2022 年 11 月	1155	1050	945
2022 年 12 月	1155	1031～1050	920～945

资料来源：中国煤炭市场网。

注 热值分别为山西优混（5500 大卡）、山西大混（5000 大卡）、普通混煤（4500 大卡）。

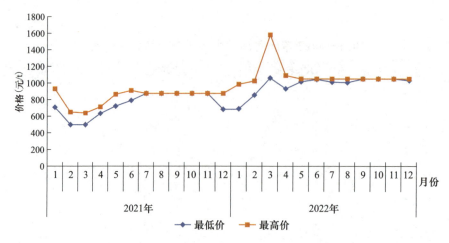

图 2-2　2021－2022 年秦皇岛山西大混动力煤价格区间变化趋势

资料来源：中国煤炭市场网。

（二）环渤海动力煤价格指数水平

2021－2022 年环渤海动力煤价格指数（以 5500 大卡动力煤为例）对应的价格走势如图 2-3 所示。由于 2022 年长协签订比例较高，且环渤海动力煤价格指数中对长协的计算比重较高，占比为 90%，后期调整为 95%，稳定了**环渤海动力煤价格指数**。据公开资料显示，煤炭长协价格稳定在 720～730 元/t 的价格区间，因此环渤海动力煤价格指数水平处在 730～750 元/t 的价格区间。

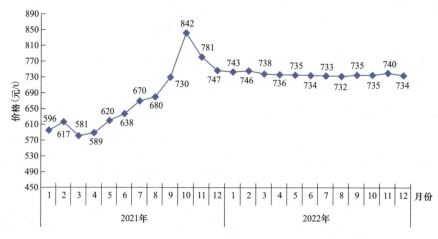

图 2-3　2021－2022 年环渤海 5500 大卡动力煤价格指数

资料来源：中国煤炭市场网。

2022年环渤海动力煤价格指数分港口变化情况如表2-7所示。

表2-7　　　　**2022年环渤海动力煤5500大卡分港口价格指数表**　　　元/t

港口	1月	2月	3月	4月	5月	6月	7月	8月	9月	10月	11月	12月
京唐港	740	740	740	735	735	735	730	730	735	735	740	735
国投京唐港	740	740	740	735	735	735	730	730	735	735	741	735
天津港	740	740	740	735	735	735	730	730	735	735	740	735
曹妃甸港	740	740	735	735	735	735	730	730	735	735	740	735
秦皇岛港	735	740	740	735	735	735	735	730	735	735	740	735
黄骅港	740	740	740	735	735	735	735	730	735	735	740	735

资料来源：中国煤炭市场网。

（三）中国沿海电煤采购价格指数

2021—2022年中国沿海电煤采购价格指数（以5500大卡综合价为例）变化趋势如图2-4所示。中国沿海电煤采购价格指数反映了北方港平仓价综合水平，近两年变化与环渤海动力煤价格指数变化趋势保持一致。

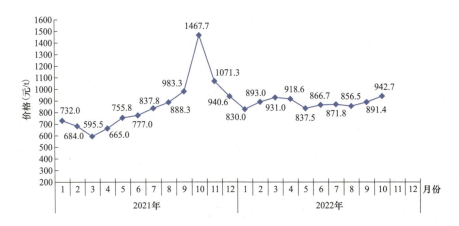

图2-4　2021—2022年中国沿海电煤采购价格指数（CECI）5500大卡综合价

资料来源：中国煤炭市场网。

2022年初由于供需相对宽松，中国沿海采购价格指数有所下降，3月受国际煤炭价格上升和国内需求上涨影响，煤炭价格上涨。三季度开始受寒潮及供暖影响，煤炭价格呈上升趋势。

2.2.2 中国进口煤炭价格

2022年我国进口煤炭价格处在高位并有大幅波动。2021—2022年，我国进口煤炭平均价格走势如图2-5所示。

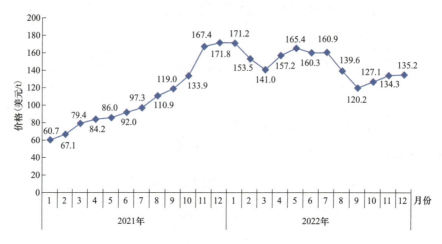

图2-5 2021—2022年我国煤炭进口价格变动趋势

资料来源：中国煤炭市场网。

2021年受疫情管制放松、俄乌冲突等原因影响，煤炭价格持续走高，推高我国煤炭进口价格。2022年上半年受通胀等经济因素影响，能源消费量降低，一定程度降低煤炭需求。但随着俄乌冲突加剧导致俄罗斯对欧洲的天然气供应降低，推动多国利用煤炭作为替代能源，推升煤炭需求进而推高了煤炭价格，4月煤炭进口价格飙升至165.4美元/t。之后，南亚、欧洲、美国包括我国华南先后遭遇极端高温"热浪"和干旱气候，增加了电煤需求，使煤炭价格保持在高位。2022年9月"北溪"天然气管道爆炸增加了国际恐慌情绪，进一步推高了煤炭价格。叠加冬季因素，12月煤炭进口价格达到135.2美元/t。

2.2.3　亚太地区煤炭市场价格

2021年，亚太地区煤炭市场价格主要受国际煤炭贸易预期、用煤大国进口需求变化等因素影响，表现为出现大幅波动，呈现左侧长拖尾的倒V形变化形态。以澳大利亚纽卡斯尔港动力煤价格为例（如图2-6所示），2021年全年均价83.8美元/t，价格最高点突破150美元/t。

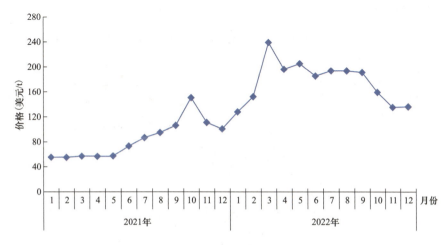

图2-6　2021—2022年澳大利亚纽卡斯尔港动力煤价格走势

资料来源：中国煤炭市场网。

2022年，受印度尼西亚发布出口禁令、俄乌战争爆发、澳大利亚降雨进而导致洪水阻碍煤炭生产和运输等事件影响，亚太地区煤炭市场价格年初飙涨。1月澳大利亚纽卡斯尔港动力煤128美元/t，持续了2021年末趋势；2月纽卡斯尔港动力煤开始大幅上涨，到3月时接近240美元/t大关，主要是由于拉尼娜天气对澳大利亚东部地区带来的持续降雨引发洪水，使得主产区煤炭生产和发运受影响，叠加俄乌局势带动市场上对澳煤的需求增加，短期内使得澳大利亚煤价大幅飙升；4—8月呈缓慢下跌趋势并且稳定在185～205美元/t的区间内，9—12月加速下跌至135美元/t位置。

2.2.4 大西洋地区煤炭市场价格

2022 年是欧洲多国受 2022 年 2 月俄乌冲突影响，为预防天然气断供对电力系统带来的冲击，欧洲多国提出推迟煤电退役的计划。德国、意大利、奥地利、荷兰和英国等国相继表明，将延迟淘汰燃煤电厂，并增加燃煤发电量。叠加"北溪"管道爆炸，作为天然气替代性能源的煤炭需求快速增加，一定程度推高煤炭价格。2022 年 7 月，欧洲三港煤炭价格达到最高值，为 395 美元/t。2021—2022 年南非理查德港和欧洲三港动力煤价格走势如图 2-7 所示。

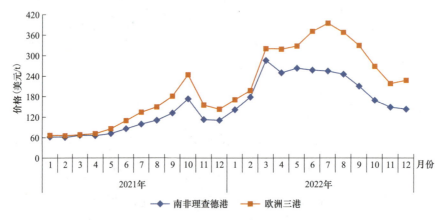

图 2-7 2021—2022 年南非理查德港和欧洲三港动力煤价格走势图

资料来源：中国煤炭市场网。

2.3 动力煤价格分析

2022 年，全球有代表性的国家（地区）动力煤价格如表 2-8 所示，含税价格水平在 77.0～533.4 美元/t 之间，芬兰居首，其次是奥地利，瑞士、日本、比利时以及英国等国的动力煤价格在 220～360 美元/t 范围内，土耳其、美国价格较低。

2018—2022 年，部分国家（地区）动力煤价格水平如表 2-9 所示，价格指数变化如图 2-8 所示。从变化趋势看，价格增速较快的有土耳其、日本和瑞士。其中，土耳其环比煤价持续增长，年均增速高达 38.8%；日本和瑞士两国煤价均在 2022 年明显上涨，涨幅都超过 130%；其余各国的趋势也大致相似，只有美国增速缓慢。

表 2-8　　　　2022 年部分国家（地区）动力煤价格及税价情况　　　　美元/t

国家（地区）	不含税价格	消费税	增值税	含税价格
芬兰	301.3	232.1	—	533.4
奥地利	322.2	52.7	—	374.8
瑞士	351.1	—	—	351.1
日本	320.6	10.4	—	331.0
比利时	329.1	—	—	329.1
英国	208.6	16.1	—	224.8
土耳其	71.1	—	12.8	83.8
美国	—	—	—	77.0
平均	—	—	—	**288.1**

资料来源：《Energy Prices and Taxes，2023》，IEA。

表 2-9　　　　2018—2022 年部分国家（地区）动力煤价格水平　　　　本币元/t

国家（地区）	2018 年	2019 年	2020 年	2021 年	2022 年	年均增长率（%）
土耳其	375.0	425.8	470.6	568.8	1387.5	38.8
瑞士	114.5	96.0	81.0	140.0	335.3	30.8
奥地利	227.0	188.4	175.6	229.5	355.9	11.9
日本	14 440.0	13 220.0	9943.0	15 588.0	43 524.5	31.8
芬兰	293.7	278.1	265.5	335.6	506.5	14.6
波兰	333.3	320.6	331.2	335.2	849.5	26.4
英国	97.7	95.1	83.4	103.1	182.1	16.9
美国	69.8	68.4	64.9	63.9	77.0	2.5
比利时	120.5	112.9	81.7	112.4	312.5	26.9

资料来源：《Energy Prices and Taxes，2023》，IEA。

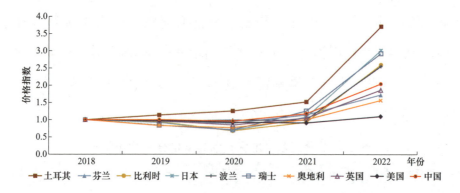

图 2-8　2018—2022 年部分国家（地区）动力煤价格指数值变化趋势图

资料来源：《Energy Prices and Taxes，2023》，IEA。中国动力煤价格指数以秦皇岛港动力煤 5500 大卡为基础计算。

2.4　发电用煤价格分析

2022 年，部分国家（地区）电煤价格如表 2-10 所示，不同国家间发电用煤价格差别较大。德国、英国、芬兰、奥地利等欧洲国家，电煤价格均超过 260 美元/t，其中德国水平最高，为 330.6 美元/t；土耳其、美国电煤价格偏低，分别为 17.8 美元/t 和 55.3 美元/t。

表 2-10　　2022 年部分国家（地区）电煤价格及税价情况　　　　　美元/t

国家（地区）	不含税价格	消费税	增值税	含税价格
英国	326.3	—	—	326.3
奥地利	269.4	—	—	269.4
德国	330.6	—	—	330.6
芬兰	301.3	—	—	301.3
智利	264.5	—	—	264.5
波兰	138.8	—	—	138.8
美国	—	—	—	55.3
土耳其	15.0	—	2.8	17.8
平均	—	—	—	**212.9**

资料来源：《Energy Prices and Taxes，2023》，IEA。

2018—2022年，部分国家（地区）发电用煤价格如表2-11所示，价格指数变化趋势如图2-9所示。近五年，智利、英国、芬兰和德国电煤价格增长较快，年均超过29.4%；土耳其、波兰和奥地利电煤价格也有所上涨，增速在24.7%～29.2%之间；美国电煤价格五年间基本维持稳定。近一年，奥地利、波兰、德国等欧洲国家电煤价格指数迅速上涨，过去几年的低价优势在2022年消耗殆尽；美国和中国则保持相对稳定。

表 2 - 11　　　　2018—2022 年部分国家（地区）发电用煤价格　　　　本币元/t

国家 （地区）	2018 年	2019 年	2020 年	2021 年	2022 年	年均增长率 （%）
英国	76.9	60.8	62.0	133.2	264.7	36.2
土耳其	105.5	134.8	146.9	160.8	293.8	29.2
奥地利	105.8	117.1	117.5	128.3	255.8	24.7
智利	62 996.0	53 396.8	47 745.3	84 714.3	230 950.4	38.4
芬兰	89.8	76.3	63.8	115.1	286.1	33.6
波兰	240.9	265.6	256.8	250.4	618.5	26.6
德国	111.9	100.3	75.8	121.4	313.9	29.4
美国	47.1	46.2	44.0	45.3	54.3	3.6

资料来源：《Energy Prices and Taxes，2023》，IEA。

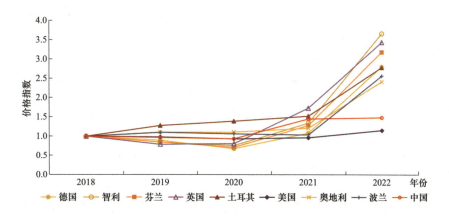

图 2 - 9　2018—2022 年部分国家（地区）电煤价格变化趋势图

资料来源：《Energy Prices and Taxes，2023》，IEA。中国电煤价格以 CECI5500 大卡电煤综合价为基础计算。

2.5 煤炭价格展望

2023 年我国煤炭价格将呈震荡回落态势。**一是随着国内新增煤炭产能逐步释放到位，**日均产量由 2022 年的 1232 万 t 上升至 2023 年的约 1260 万 t，有利于缓解煤炭供需矛盾；**二是在国际煤炭供应形势好转、国内能源保供及进口煤炭零关税政策实施，**以及进口煤价格优势凸显等因素共同影响下，2023 年煤炭进口量或将接近 5.6 亿 t，较上年增加 1.7 亿 t 左右，有助于进一步稳定国内煤炭市场；**三是煤炭中长期合同签约履约逐渐规范，**"压舱石"作用显著，进一步稳定煤炭价格。此外，受 2023 年电力供需形势好转及提前多措并举做好应对举措等因素影响，煤炭价格在夏季虽有反弹但上涨幅度和持续时间有限。总的来说，受供需形势总体平衡，煤炭中长期合同履约逐步规范等因素影响，我国煤炭价格震荡回落。

国际煤炭价格方面，预计 2023－2024 年国际煤炭价格总体回落，但会因突发事件产生小幅波动。2023 年以来，受全球经济下行预期等因素影响，国际煤炭需求不足，供给持续恢复，价格将明显回落。但受俄乌冲突、巴以冲突等影响，会一定程度推高煤炭价格，并且随着多国对能源安全的重视，煤炭需求有上升趋势，会对国际煤炭价格形成一定支撑。

长期来看，煤炭价格将继续保持高位运行，但整体较 2022 年有所下降。对于供给侧，预计在煤炭价格相对平稳后受国家政策影响煤炭产量将有序收紧，叠加煤炭安全约束增强、煤炭开采成本上升等因素影响，将一定程度推高煤炭价格；对于需求侧，随着"能耗双控"转变为"碳双控"、可再生能源发电占比逐步提高等因素影响，煤炭需求将呈逐步下降趋势。总体来看，预计供给侧成本上升的强度大于需求侧对价格下降的影响，煤炭价格将保持高位运行。

2.6　小　　结

本章从煤炭生产消费、进出口贸易、国内外煤炭市场价格、动力煤价格和发电用煤价格等几个方面，主要对2022年煤炭价格开展梳理与分析，并展望了近期、中远期煤炭价格。

2022年，世界煤炭产量增长7.9%，中国产量也增长10.5%，净进口减少9.9%；受需求上涨、疫情扰动、国际价格上涨等因素影响，我国煤炭价格处在高位运行。受疫情、安全事故及国际动力煤价格上涨效应外溢等事件影响，2022年部分时段煤炭价格大幅上涨，并在3月达到峰值。展望未来两年，在我国经济基本盘稳定、供需矛盾缓解等条件下，煤炭价格将较2022年有所回落，之后随着煤炭生产及运输成本增长、经济保持增长，煤炭价格仍可能保持高位运行。

（本章撰写人：孙启星　审核人：尤培培、张超）

3

电力价格分析

3.1 电力生产与消费

2022 年，美国、中国、印度、俄罗斯等发电量全球前十的国家总计发电量为 20.37 万亿 kW·h。其中，中国、美国占比分别为 43.4%、22.1%，其他国家或地区的占比均不超过 10%。根据英国能源研究所（EI）发布的《2023 年版世界能源统计年鉴》，虽然全球总发电量创下历史新高，达到了 291 651 亿 kW·h，但增幅却相较于上一年降低至 2.3%。各国发电量占比如图 3-1 所示。

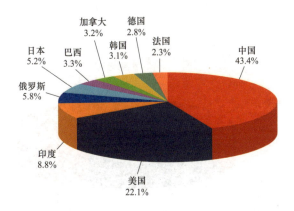

图 3-1　2022 年部分国家电力生产占比情况

资料来源：https：//yearbook. enerdata. net/electricity/world-electricity-production-statistics. html。

2022 年，法国、德国、巴西等国家发电量有下降趋势，其中，法国发电量降幅明显，其主要由于核电管道腐蚀，核电产能收缩，法国核电和水电产量大幅下降；其余国家的发电量同比均呈上升趋势。2018—2022 年，各国发电量走势如图 3-2 所示。

2022 年部分国家（地区）电力消费占比如图 3-3 所示，电力消费量位居前十的与发电量前十的国家相同，上榜国家消费量与发电量占比结构基本一致；2018—2022 年部分国家（地区）用电量走势如图 3-4 所示，各国电力消费量变化趋势与发电量变化趋势基本保持一致。

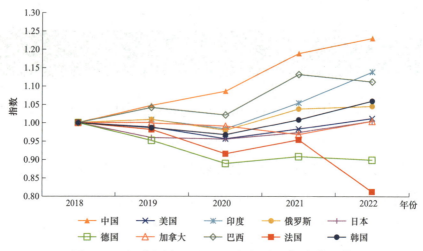

图 3-2　部分国家（地区）发电量近年走势比较

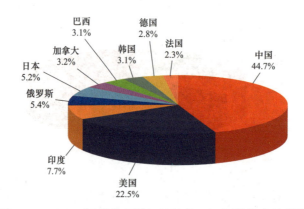

图 3-3　2022 年部分国家（地区）电力消费占比情况

资料来源：https：//yearbook. enerdata. net/electricity/world-electricity-production-statistics. html。

2022 年，能源转型进程和经济复苏形势是影响电力生产和消费的主要因素。2022 年，美国居民、工业和商业用户用电量占比分别为 38％、26％和 35％，各类用户用电量均呈现上升趋势。其中，居民用户用电量上升 2.6％，商业用户用电量上升 5.7％，工业用户用电量上升 2.0％。从具体分月情况看，美国的用电量经历了 1—4 月下降、5—8 月上升、9—12 月下降再回弹的过程。2022 年美国居民用电量相比上年增加了 3875.6 万 MW·h，第三季度达到高峰，为 1.64 亿 MW·h。

2022 年，我国全社会用电量 8.64 万亿 kW·h，比上年增长 3.6％。一、

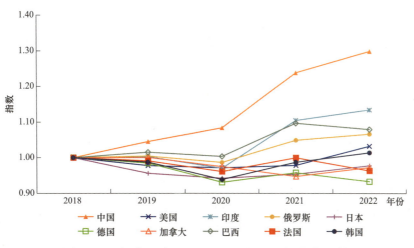

图 3-4　部分国家（地区）用电量近年走势比较

二、三、四季度，全社会用电量同比分别增长 5.0%、0.8%、6.0% 和 2.5%，受疫情等因素影响，第二、四季度电力消费增速回落。第三季度增幅较大是夏季高温引起用电高峰所致，其余月份用电量保持稳定，全年电力供需保持基本平衡。

3.2　上网电价分析

2022 年，世界部分国家（地区）的上网电价（或批发电价）为 0.003～0.187 美元/（kW·h），欧洲、美国、澳大利亚、韩国相比较，中国上网电价处于中等水平，为 0.061 美元/（kW·h），各国上网电价比较如表 3-1 所示。总体上，上网电价主要受到电源结构、发电能源价格以及电价机制的影响。随着可再生能源的不断普及和发展，部分风电光伏电厂基地建设的原材料如硅料、锂矿的价格波动，也深刻影响着上网电价水平。

表 3-1　2022 年部分国家（地区）上网电价（或批发电价）比较　　美元/（kW·h）

国家（地区）	地区（公司）	2022 年
德国		0.138
荷兰		0.157

续表

国家（地区）	地区（公司）	2022 年
比利时		0.187
法国		0.104
北欧现货市场		0.143
瑞典		0.010
芬兰		0.162
丹麦	西部地区	0.031
	东部地区	0.030
挪威	奥斯陆	0.020
	克里斯蒂安桑	0.022
	卑尔根	0.020
	莫尔德	0.004
	特隆赫姆	0.004
	特罗姆瑟	0.003
澳大利亚	新南威尔士	0.102
	昆士兰	0.127
	南澳	0.082
	塔斯马尼亚	0.070
	维多利亚	0.070
	澳大利亚	0.054
美国		0.075
中国		0.061
韩国		0.120
各国平均		0.075

资料来源：1. 美国：EIA Annual Energy Outlook 2022。

2. 韩国：韩国电力。

3. 瑞典、芬兰、丹麦、挪威：http：//www.nordpoolspot.com。

4. 德国、荷兰、比利时、法国：https：//www.epexspot.com。

5. 澳大利亚：http：//www.aemo.com.au/。

6. 中国：国家能源局等。

注 1. 美国为电力重组改革后发电企业的售电均价。

2. 澳大利亚地区统计数据为财政年度内数据，时间为上一年 7 月至本年 6 月，澳大利亚总上网电价为驻外办数据。

从欧盟看，2022 年欧盟的核能和天然气供应量同比急剧下降，而煤炭和石油等化石能源供应量则继续保持增长。2022 年，欧洲地区化石能源发电量为 111 万 GW·h，与 2021 年相比增长 3.3%，可再生能源发电量为 108 万 GW·h（增长 0.1%）。化石能源超过可再生能源成为主要电力来源。欧盟统计局指出，在过去三年中，欧盟国家在能源领域遭受诸多波动和不确定性。在 2020 年与新冠肺炎疫情相关的限制措施解除之后，欧盟的经济活动在 2021 年开始反弹。但因能源转型和地缘政治冲突影响，天然气价格自 2021 年下半年起开始上涨，并在 2022 年初由于北溪管道、欧盟对俄制裁和天然气供应干扰等原因开始飙升。上述因素叠加极端天气，导致核电和水电大幅减产，严重影响了欧洲电力市场的供需平衡，大幅推高了电力价格。

2022 年，瑞典、丹麦两国上网电价相对较低，主要是依靠北欧电力市场实现了区域内资源的优化配置，降低了区域内电力价格。北欧地区能源资源分布不均，水电集中在北部的挪威和瑞典，而火电集中在南部的丹麦和芬兰。一方面，水电价格低于常规火电机组，具有天然的价格优势；另一方面，水电调节性能较好，为大规模风电接入提供了支撑。挪威电源主要有水电、火电和风电，其中水电发电量占比超过 90%；瑞典发电装机以水电、核电和风电为主，可再生能源利用效率较高，其中水电发电量占比约为 40%，风电发电量占比约为 10%，核电发电量占比约为 40%；丹麦以风电和光电为主，2022 年，丹麦风电发电占比已超 60%。

2022 年，德国以煤电、风光发电为主，并推进核电关停。德国能源结构相对均衡，过去以煤电、核电为主，重点发展风光发电，2022 年煤电和风光发电量占比分别为 31%、32%，气电 16.5%，并计划关闭所有核电站，2022 年核电占比降至 6.3%，较高比例的火电和跨境互联的电网为德国风光提供调峰消纳。2022 年，能源危机使欧洲能源市场陷入动荡，导致德国批发电价飙升，全年达到前所未有的水平。到 2021 年底，越来越多的国家摆脱 Covid-19 大流行，全球需求不断上升，价格开始上涨。此外，还有俄乌冲突、俄罗斯与其他欧洲国家之间的贸易冲突导致欧盟化石燃料供需偏紧，尤其是在德国，天然气发电占总体发电量的很大一部分。

2022 年，由于俄乌战争引发的天然气价格上涨，英国的批发电价将由截至目前的 96.64 英镑/（MW·h）上涨到第二年的 129 英镑/（MW·h）。未来更多可再生能源接入电网，电力系统将减少对燃气发电厂的依赖，市场价格将开始下跌，但仍将保持在 80 英镑/（MW·h）以上，远高于能源危机前的水平。

2018—2022 年，部分国家（地区）近年的上网电价（或批发电价）在不同国家（地区）间变化趋势差异显著，如表 3-2 和图 3-5 所示。2022 年所统计国家（地区）的上网电价（或批发电价）均出现上涨，欧洲地区尤其显著，以挪威的部分地区上涨幅度超过 600% 最为突出。

表 3-2　　　　　2018—2022 年部分国家（地区）上网电价（或批发电价）情况　　　　本币元/（kW·h）

国家（地区）	地区（公司）	2018 年	2019 年	2020 年	2021 年	2022 年	年均增长率（%）	2022 年同比增长（%）
德国		0.042	0.038	0.030	0.061	0.131	33.1	113.6
荷兰		0.053	0.041	0.032	0.066	0.149	29.8	126.3
比利时		0.055	0.039	0.032	0.070	0.178	33.9	155.1
法国		0.051	0.039	0.032	0.067	0.099	18.2	48.2
北欧市场		0.044	0.039	0.011	0.062	0.136	20.6	470.1
瑞典		0.460	0.408	0.199	0.587	1.071	18.1	195.6
芬兰		0.047	0.044	0.028	0.072	0.154	21.5	158.2
丹麦	西部地区	0.328	0.287	0.187	0.655	1.632	30.8	251.3
	东部地区	0.344	0.298	0.212	0.654	1.566	28.7	208.1
挪威	奥斯陆	0.419	0.387	0.100	0.759	1.949	29.4	659.7
	克里斯蒂安桑	0.415	0.387	0.100	0.763	2.139	29.8	663.8
	卑尔根	0.413	0.387	0.099	0.758	1.944	29.6	668.6
	莫尔德	0.423	0.380	0.102	0.417	0.425	10.9	310.2
	特隆赫姆	0.423	0.380	0.102	0.417	0.425	10.9	310.2
	特罗姆瑟	0.420	0.378	0.095	0.356	0.248	10.4	272.7

续表

国家 (地区)	地区 (公司)	2018 年	2019 年	2020 年	2021 年	2022 年	年均 增长率 (%)	2022 年 同比增长 (%)
澳大利亚	新南威尔士	0.082	0.089	0.072	0.065	0.147	-5.5	-9.9
	昆士兰	0.073	0.080	0.053	0.062	0.184	-9.7	15.7
	南澳	0.098	0.110	0.062	0.045	0.119	-19.9	-27.7
	塔斯马尼亚	0.087	0.090	0.055	0.044	0.101	-12.8	-20.6
	维多利亚	0.092	0.110	0.074	0.046	0.100	-8.9	-37.7
	澳大利亚	0.087	0.096	0.063	0.052	0.077	-11.5	-17.4
美国		0.064	0.061	0.058	0.062	0.075	-2.0	5.9
中国		0.374	0.358	0.348	0.381	0.410	0.6	9.5
韩国		95.2	95.3	85.9	96.1	155.5	2.3	11.9

资料来源：1. 美国：https：//www.eia.gov/EIA。

2. 韩国：韩国电力。

3. 欧洲：http：//www.nordpoolspot.com。

4. 澳大利亚：http：//www.aemo.com.au/。

5. 中国：国家能源局等。

注 美国为电力重组改革后发电企业的售电均价。

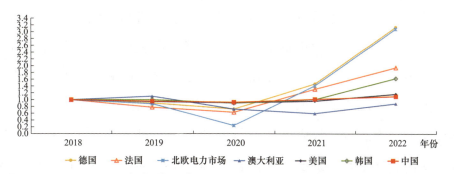

图 3-5 2018—2022 年部分国家（地区）上网电价（或批发电价）走势比较

2022 年，中国上网电价较上年基本保持平稳。 我国上网电价主要受电源结构、政府调价影响，电力市场化改革也有利于还原电力商品属性。2018—2020 年，我国开展了电力市场化改革，我国市场化交易电量稳步提升，至 2020 年占全社会用电量比重达到 33%；同时为缓解工商业经营发展压力，持续三年降低工商业电价，其中一部分政策体现在上网电价上。2020 年 1 月起，国家加快放开煤电进入市场，建立"基准＋浮动"的市场化电价形成机制，替代了煤电标杆电价。2021 年 10 月，国家发展改革委印发《关于进一步深化燃煤发电上网电价市场化改革的通知》（发改价格〔2021〕1439 号），要求有序放开全部煤电上网电价。燃煤发电电量原则上全部进入电力市场，通过市场交易在"基准价＋上下浮动"范围内形成上网电价；同时，扩大市场交易电价上下浮动范围。扩大为上下浮动原则上均不超过 20%，高耗能企业市场交易电价不受上浮 20% 限制。该政策颁布后，电力行业在发用"两头"均建立起"能涨能跌"的市场化电价机制，有助于发现、还原真实价格，电价能够更好更有效地引导市场供需变化，为上网电价上涨打开必要的空间。

2022 年，欧洲市场批发价格影响因素较多，如气候因素、碳排放价格、欧盟对俄制裁、天然气供应干扰等。2017—2020 年，欧洲上网电价主要受气候因素、能源转型进程、可再生能源发电比例、一次能源价格波动的影响。2020 年，欧洲碳排放价格保持 2019 年水平，受新冠疫情影响，欧洲地区第二、三季度用电量低于近几年同期水平，同时受气候和水资源充沛因素影响，欧洲地区可再生能源发电量占比迅速提升，挤占了传统发电机组空间，导致电力市场价格下降。北欧地区电力批发市场价格大幅下降，出现了近 20 年中的最低价格，其中七月电力批发市场价格一度下降至 0.002 欧元/（kW·h）水平。该电价变化主要原因是水资源充沛、2020 年水电发电量较 2019 年上涨 10% 以上，以及疫情导致电力需求减少、加剧了发电侧的竞争。在过去三年中，欧盟国家在能源领域遭受诸多波动和不确定性。在 2020 年与新冠肺炎疫情相关的限制措施解除之后，欧盟的经济活动在 2021 年开始反弹。但是，天然气价格自 2021 年下半年起开始上涨，并在 2022 年初因为欧盟对俄制裁、天然气供应干扰等原因开始飙升。上述因素叠加极端天气导致的核电和水电大幅减产，严重影响了欧洲电力市场，大幅拉高了电力价格。以挪威为例，2022 年其南部的降雨量比平常少，而北部（基本上是特隆赫姆以北的整个地区）则多得多。

2022 年，德国、北欧的批发价格比 2018—2021 年同期平均水平高出 3～4

倍，引起变化的主要原因是天然气价格的急剧上涨、电力需求的快速增加以及欧盟 ETS 价格的翻番。欧洲电力批发市场的价格出现暴涨，主要原因在于发电成本的大幅攀升。一方面，一次能源的供应紧张尤其是天然气价格高企不断引起发电成本的上升；另一方面，低于正常风速和核电停电导致电力生产紧张，迫使该欧洲的能源公司燃烧污染性化石燃料，化石燃料的使用必须购买污染排放许可证，从而加剧了电力价格上涨。

2022 年，澳大利亚上网电价分州确定，各州之间的政策方案有很大的差异，影响各州批发市场电价的主要因素往往不同，上网电价的变化存在差异且波动幅度相对较大。2017—2020 年，澳大利亚电力系统发生了结构性改变，分布式能源和储能技术迅猛发展、用电侧更加积极主动地参与需求响应等，都对保证电力系统安全稳定运行提出了新的挑战。基于传统集中式能源设计的澳大利亚电力市场需要进一步地改革，以适应分布式资源规模持续扩大的新形势。澳大利亚开展了一系列电力市场改革措施，以能够将可再生能源、储能技术、分布式能源和需求响应等资源与电力市场运行进行有效整合为改革目标。其中的一个环节是于 2019 年 7 月到 2021 年 6 月进行的为期两年的虚拟电厂参与电力市场试点运行。2020 年，受新冠疫情影响，用电负荷低于上年同期，批发市场价格下降的主要原因如下：一是在决定市场价格的机组类型方面，燃煤发电比重增加；二是电力市场中的报价分布发生显著变化，水电受降水增加，火电受煤炭供应增加影响，电力市场中的低价报价增加，导致电力批发市场价格下降。2021 年，燃煤发电受限和需求增加导致第二季度电力批发价格同比大幅上涨 174%（比上一季度上涨 196%）。2021 年第二季度至第四季度的价格下降了 50%。气温回升、可再生能源和可调度发电的可用性增加，引起了价格的缓步下降。但由于澳大利亚上半年煤炭和液化天然气（LNG）价格大幅上涨，不断推动煤炭和 LNG 的发电价格，同时可再生能源发电量在澳大利亚最大电网中所占比例快速上升，导致煤电和气电逐渐开始被淘汰，加剧了电价的波动性。2022 年，澳大利亚上网电价出现上涨，原因在于发电成本的增加。一方面目前澳大利亚市场 70% 左右的电源来自煤炭和天然气，由于煤炭和天然气价格飙升、推高了上网电价；另一方面，澳大利亚电力市场调整了最高现货价格和最低现货价格，从 2022 年 7 月 1 日起执行的上限为 15 500 澳元/（MW·h），每年根据通货膨胀进行调整；市场最低价格为 −1000 澳元/（MW·h），允许报负电价，价差的进一步扩大也预示澳大利亚电力市场逐步成熟。

3.3 输 配 电 价 分 析

2022 年，美国、中国、法国、德国等国家（地区）输配电价水平为 0.031～0.065 美元/（kW·h），中国处于较低水平。各国输配电价水平比较如表 3-3 所示。

表 3-3　　2022 年部分国家（地区）输配电价水平比较　　美元/（kW·h）

国家（地区）	2022 年	国家（地区）	2022 年
爱尔兰	0.065	丹麦	0.043
德国	0.058	荷兰	0.041
日本	0.051	瑞典	0.040
葡萄牙	0.050	爱沙尼亚	0.039
意大利	0.049	罗马尼亚	0.038
奥地利	0.048	波兰	0.037
美国	0.047	芬兰	0.036
比利时	0.046	**中国**	**0.031**
法国	0.046		
捷克	0.045	**平均**	**0.044**

资料来源：1. 美国：https：//www.eia.gov/EIA。
　　　　　2. 中国：国家能源局等。
　　　　　3. 日本：东京电力公司年报。
　　　　　4. 欧洲国家：https：//ec.europa.eu/eurostat/。

注　1. 美国输配电价为重组后的输配电企业平均电价水平。
　　2. 日本输配电价为东京电力公司水平。
　　3. 欧洲国家输配电价水平为居民用户和工业用户输配电价按电量加权值。

　　2022 年，大部分国家输配电价呈现上升态势，日本的输配电价有较大幅度下降，美国、中国、德国、日本等国家的输配电价水平及变化趋势如表 3-4 和图 3-6 所示。

表 3-4　　　　　　　2018－2022 年部分国家（地区）输配电价情况　本币元/（kW·h）

国家（地区）	2018 年	2019 年	2020 年	2021 年	2022 年	年均增长率（%）	2022 年同比增长（%）
葡萄牙	0.038	0.034	0.031	0.031	0.042	2.5	35.5
意大利	0.029	0.033	0.031	0.031	0.041	9.0	32.3
罗马尼亚	0.129	0.121	0.129	0.130	0.158	5.2	21.5
美国	0.042	0.043	0.046	0.039	0.047	2.9	20.5
爱尔兰	0.052	0.048	0.054	0.046	0.055	1.4	19.6
中国	0.205	0.204	0.186	0.179	0.198	−0.9	10.6
爱沙尼亚	0.032	0.029	0.030	0.030	0.033	0.8	10.0
德国	0.048	0.045	0.049	0.045	0.049	0.5	8.9
韩国	12.344	12.153	21.756	25.364	26.273	20.8	7.8
丹麦	0.262	0.257	0.265	0.253	0.268	0.6	5.9
法国	0.037	0.034	0.036	0.037	0.039	1.3	5.4
波兰	0.131	0.133	0.134	0.135	0.142	2.0	5.2
荷兰	0.031	0.029	0.031	0.034	0.035	3.1	2.9
奥地利	0.039	0.037	0.038	0.040	0.041	1.3	2.5
捷克	0.952	0.949	0.919	0.960	0.978	0.7	1.9
瑞典	0.336	0.321	0.306	0.342	0.345	0.7	0.9
芬兰	0.031	0.028	0.029	0.030	0.030	−0.8	0.0
日本	7.768	7.916	8.656	5.630	5.560	−8.0	−1.2
比利时	0.053	0.049	0.048	0.047	0.039	−7.4	−17.0

资料来源：1. 美国：https://www.eia.gov/EIA。
　　　　　 2. 中国：国家能源局等。
　　　　　 3. 欧洲国家：https://ec.europa.eu/eurostat/。
注　1. 美国输配电价为重组后的输配电企业平均电价水平。
　　 2. 除美国、中国外，其他国家输配电价为工业与居民用户按电量加权的平均输配电价。

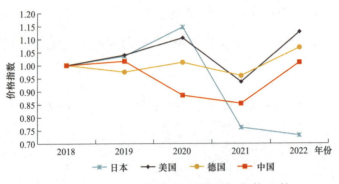

图 3-6　部分国家输配电价近年走势比较

长期来看，输配电价水平与电网投资相关，近五年全球输配电网投资年均在 2500 亿美元以上，到 2050 年，全球电网投资至少需达 14 万亿美元，以满足转型电力系统的需求。采暖和运输业电气化转型推动电力需求增长，而风电和光伏电源大幅增长也给电网带来了压力。其中美国、中国电网投资占全球投资的近一半。就投资结构而言，配电网相关投资占比在 65% 以上，输电网相关投资占比低于 35%。

2015 年以来，我国在党中央和国务院决策部署下，国家发展改革委会同有关部门全面推进输配电价改革，开展首轮输配电成本监审，取得了积极成效。2018—2020 年，为降低企业生产经营成本，国家出台政策连续降低工商业电价，为缓解经济下行压力提供有力的政策支持。2022 年，我国输配电价基本保持平稳，伴随可再生能源的进一步发展，储能发展的需求与必要性不断上升，《国家发展改革委关于进一步完善抽水蓄能价格形成机制的意见（发改价格〔2021〕633 号）》，明确抽水蓄能容量电费纳入输配电价回收的机制。目前我国第三监管周期输配电价定价已经公布，通过严格成本监审，共核减不应纳入输配电定价成本，改革红利全部用于降低实体经济用电成本。通过健全独立输配电价体系，推动电价市场化程度显著提高，我国电力市场化交易比重由改革前的 14%，提高至 2022 年的 60.8%，有效促进了电力资源合理配置。

美国近十年来输配电价及其在总费用中的占比一直在稳步增加。2022 年 11 月 18 日，美国拜登政府通过美国能源部（DOE）宣布拨款 130 亿美元成立一个电网弹性基金，目的是通过两党基础设施法案的拨款以实现美国电网的扩建和现代化。这些资金将包括 105 亿美元的电网弹性创新伙伴关系（GRIP）竞争性赠款计划和另外 25 亿美元的电网传输促进计划（Transmission Facilitation Program）。这一基金计划是美国历史上由单一联邦直接投资的最大的输配电投资。作为 200 亿美元投资的首批由政府提出的"建设更好的电网倡议"的首批投资，这些联邦投资将释放数十亿美元的各州和私营部门的资本，用于建设提高电网可靠性及现代化的变革性项目，以便更多的美国社区和企业能够获得负担得起的、可靠的、清洁的电力，同时实现到 2035 年实现 100% 的清洁电力的目标。

3.4 销售电价分析

3.4.1 销售电价总水平

2022 年，30 个国家（地区）用户平均电价水平如表 3-5 所示，其中美国、中国等四国的所有用户平均销售电价水平为 0.097～0.141 美元/（kW·h），中国的价格最低。29 个国家（地区）的工业电价与居民电价按电量加权平均电价水平为 0.096～0.331 美元/（kW·h），中国电价为 0.096 美元/（kW·h）。

表 3-5　　　　　　2022 年部分国家（地区）销售电价水平比较　　　　美元/（kW·h）

国家（地区）	2022 年	国家（地区）	2022 年
总水平			
新西兰	0.141	韩国	0.106
美国	0.124	中国	**0.097**
平均	**0.117**		

续表

国家（地区）	2022 年	国家（地区）	2022 年
居民与工业用户销售电价按电量加权平均水平			
意大利	0.331	瑞士	0.186
丹麦	0.295	斯洛文尼亚	0.181
英国	0.286	土耳其	0.180
爱尔兰	0.274	卢森堡	0.175
比利时	0.270	匈牙利	0.172
西班牙	0.267	波兰	0.170
荷兰	0.260	法国	0.168
捷克	0.252	葡萄牙	0.164
斯洛伐克	0.246	瑞典	0.155
德国	0.244	芬兰	0.150
希腊	0.236	美国	0.124
挪威	0.229	加拿大	0.108
爱沙尼亚	0.216	韩国	0.098
日本	0.215	**中国**	**0.096**
奥地利	0.213	**平均**	**0.206**

资料来源：1. 美国：https：//www.eia.gov/EIA。
2. 韩国：韩国电力。
3. 中国：国家能源局等。
4. 新西兰：http：//www.med.govt.nz/。
5. 墨西哥：http：//sie.energia.gob.mx/。
6. 加拿大：http：//oee.nrcan.gc.ca。

注　1. 销售电价中均含基金和附加。
　　2. 韩国销售电价的平均水平是售电总收入与售电量的比值。

部分国家（地区）的平均销售电价水平、居民与工业用户销售电价按电量加权水平的变化趋势见表 3-6、图 3-7 和图 3-8。

2022 年，世界主要国家销售电价出现小幅上涨。土耳其、英国等国家销售电价出现了一定幅度上涨，上涨幅度超过 15％。土耳其销售电价上涨主要是受到汇率和天然气发电燃料成本上涨因素影响。土耳其发电以化石燃料为主，2022 年，土耳其化石燃料发电量占比约 58.03％，天然气发电量占比为 23％，

表 3 - 6   2018－2022 年部分国家（地区）平均销售电价情况   本币元/（kW·h）

国家（地区）	2018 年	2019 年	2020 年	2021 年	2022 年	年均增长率（%）	2022 年同比增长（%）
总水平							
韩国	108.75	108.66	109.80	122.90	137.00	5.9	11.5
美国	0.105	0.105	0.107	0.111	0.124	5.1	11.4
新西兰	0.194	0.202	0.201	0.212	0.223	3.6	5.3
中国	**0.629**	**0.619**	**0.585**	**0.596**	**0.652**	**0.9**	**9.4**
居民与工业用户销售电价按电量加权平均水平							
土耳其	0.427	0.601	0.720	0.855	2.979	62.6	248.2
挪威	0.732	0.714	0.376	1.062	2.200	31.7	107.2
荷兰	0.099	0.114	0.107	0.126	0.247	25.8	97.0
捷克	2.570	2.899	3.162	3.171	5.882	23.0	85.5
匈牙利	28.302	28.302	27.519	30.684	63.912	22.6	108.3
爱沙尼亚	0.098	0.101	0.093	0.132	0.205	20.2	55.4
卢森堡	0.084	0.087	0.093	0.108	0.166	18.6	53.8
希腊	0.114	0.113	0.122	0.156	0.224	18.4	43.7
丹麦	1.097	1.042	1.003	1.236	2.088	17.5	68.9
波兰	0.399	0.422	0.468	0.515	0.758	17.4	47.2
意大利	0.167	0.186	0.174	0.192	0.314	17.1	63.6
斯洛伐克	0.126	0.138	0.140	0.142	0.233	16.7	65.8
爱尔兰	0.141	0.148	0.147	0.177	0.260	16.4	46.4
英国	0.127	0.139	0.144	0.159	0.232	16.1	45.4
斯洛文尼亚	0.098	0.102	0.106	0.114	0.172	15.0	51.7
比利时	0.151	0.156	0.157	0.170	0.257	15.1	51.0
奥地利	0.121	0.126	0.136	0.149	0.203	13.8	36.5
西班牙	0.156	0.154	0.147	0.167	0.253	13.0	51.7
瑞典	0.985	1.072	0.925	0.941	1.563	12.2	66.2
芬兰	0.094	0.099	0.100	0.106	0.142	10.9	35.6
德国	0.166	0.174	0.191	0.202	0.231	8.6	15.5
日本	21.501	22.118	21.658	20.615	28.309	7.1	37.3

续表

国家 (地区)	2018 年	2019 年	2020 年	2021 年	2022 年	年均 增长率 (%)	2022 年 同比增长 (%)
法国	0.124	0.132	0.140	0.145	0.160	6.5	10.1
美国	0.105	0.105	0.106	0.111	0.124	5.4	11.9
韩国	112.61	112.28	113.78	112.57	126.27	2.9	12.2
加拿大	0.126	0.133	0.132	0.134	0.141	2.8	5.8
葡萄牙	0.145	0.143	0.141	0.142	0.156	1.8	9.5
瑞士	0.165	0.167	0.168	0.174	0.177	1.7	2.2
中国	**0.612**	**0.606**	**0.589**	**0.596**	**0.648**	**1.4**	**8.6**

资料来源：1. 美国：https：//www.eia.gov/EIA。
　　　　　2. 韩国：韩国电力。
　　　　　3. 中国：国网财务部居民工业加权等。
　　　　　4. 新西兰：IEA 数据库。
　　　　　5. 墨西哥：IEA 数据库。
　　　　　6. 加拿大：http：//oee.nrcan.gc.ca。

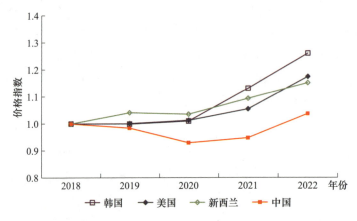

图 3-7　2018—2022 年部分国家销售电价总水平走势比较

而土耳其天然气基本依赖进口。近年来土耳其里拉兑美元汇率持续下跌，里拉贬值进一步增加了天然气进口成本。英国电价上涨部分受到附加费用上涨因素影响，在其电价中环境和社会成本相关附加费用占比约为 20%，主要的附加费包括可再生能源义务证书费用和气候变化税（Climate Change Levy，CCL），

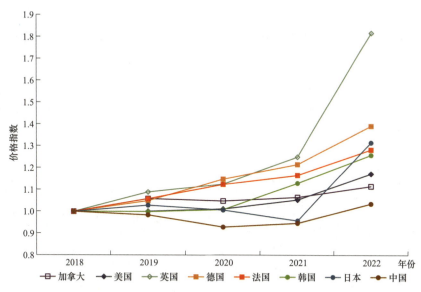

图 3 - 8　2018－2022 年部分国家（地区）平均销售电价走势比较

两者均呈上涨趋势，其中可再生能源义务证书的买断价格参考英国零售物价指数（Retail Prices Index，RPI）进行调整，气候变化税从 2019 年 4 月大幅上调，上调幅度超过 40%。另一方面，英国受欧洲能源紧张影响，发电成本不断上涨，为合理疏导电力生产成本，英国能源监管机构（OFGEM）不断提高能源价格上限，将成本疏导至用户侧，由此销售电价上涨。2022 年中国煤价保持高位运行，叠加疫情、夏季全国大范围高温持续冲击和"汛期极枯"等极端现象出现，在年中多地省内现货价格飙升并伴随着省间现货价格触顶，加之中长期市场煤电价格适度放开，导致 2022 年电价较往年涨幅较大。

3.4.2　分类销售电价

（一）工业电价

2022 年，33 个国家（地区）的工业电价水平为 0.075～0.315 美元/（kW·h），其比较如表 3 - 7 所示。意大利的工业电价水平在所列国家中最高，为 0.315 美元/（kW·h）；中国的工业电价为 0.099 美元/（kW·h），处于中下等水平。

表 3-7 　　　　　　2022 年部分国家（地区）工业电价水平比较　　美元/（kW·h）

国家（地区）	2022 年	国家（地区）	2022 年
意大利	0.315	斯洛文尼亚	0.186
斯洛伐克	0.258	墨西哥	0.180
爱尔兰	0.258	日本	0.178
西班牙	0.230	卢森堡	0.170
英国	0.229	波兰	0.169
比利时	0.225	智利	0.153
希腊	0.223	法国	0.137
爱沙尼亚	0.209	葡萄牙	0.135
土耳其	0.205	瑞士	0.135
捷克	0.204	瑞典	0.123
德国	0.204	芬兰	0.114
荷兰	0.201	新西兰	0.102
匈牙利	0.201	**中国**	**0.099**
奥地利	0.198	韩国	0.095
挪威	0.192	加拿大	0.094
丹麦	0.189	美国	0.085
平均	0.175	南非	0.075

资料来源：《Energy Prices and Taxes, 2nd Quarter 2022》，IEA。

2022 年，27 个国家（地区）不含税（消费税和增值税）的工业电价为 0.083～0.304 美元/（kW·h），意大利最高，加拿大最低，各国工业电价税费构成如表 3-8 和图 3-9 所示。这些国家的工业电价中，税价以消费税为主。税费占含税价的比例为−35.9%～19.8%，德国、荷兰、挪威等欧洲发达国家税价占比较高。部分国家消费税为负值是由于政府发放一定的消费补贴所致。

表 3-8 　　　　2022 年部分国家（地区）工业电价及税费构成比较　　美元/（kW·h）

国家（地区）	不含税价格	消费税	增值税	含税价格	税价占含税价比例（%）
意大利	0.304	0.011	0.000	0.315	3.5
斯洛伐克	0.257	0.001	0.000	0.258	0.4

国家 (地区)	不含税价格	消费税	增值税	含税价格	税价占含税价 比例（%）
西班牙	0.228	0.001	0.000	0.230	0.9
英国	0.223	0.006	0.000	0.229	2.6
比利时	0.190	0.034	0.000	0.225	15.6
希腊	0.303	− 0.080	0.000	0.223	− 35.9
爱沙尼亚	0.196	0.013	0.000	0.209	6.2
土耳其	0.172	0.002	0.031	0.205	16.1
捷克	0.203	0.001	0.000	0.204	0.5
德国	0.167	0.037	0.000	0.204	18.1
荷兰	0.164	0.037	0.000	0.201	18.4
匈牙利	0.197	0.003	0.000	0.201	2.0
奥地利	0.183	0.016	0.000	0.198	7.6
挪威	0.154	0.000	0.038	0.192	19.8
丹麦	0.219	0.002	0.000	0.189	− 15.9
斯洛文尼亚	0.174	0.012	0.000	0.186	6.5
日本	0.175	0.003	0.000	0.178	1.7
卢森堡	0.162	0.008	0.000	0.170	5.7
波兰	0.168	0.001	0.000	0.169	0.6
法国	0.131	0.006	0.000	0.137	5.4
葡萄牙	0.165	− 0.029	0.000	0.135	− 22.2
瑞士	0.111	0.011	0.000	0.135	17.8
瑞典	0.122	0.011	0.000	0.123	0.8
芬兰	0.113	0.001	0.000	0.114	0.9
中国	**0.088**	**0.000**	**0.011**	**0.099**	**11.5**
韩国	0.092	0.003	0.000	0.095	3.2
加拿大	0.083	0.011	0.000	0.094	11.7
平均	**0.183**	—	—	**0.189**	—

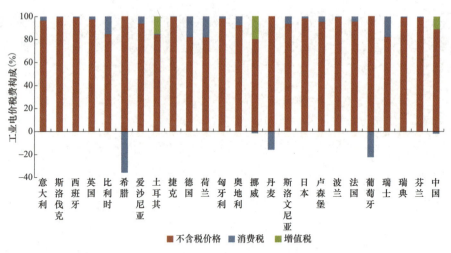

图 3-9　2022 年部分国家（地区）工业电价税费构成比较

2018—2022 年 32 个国家（地区）工业电价如表 3-9 和图 3-10 所示，这五年各国价格总体呈上涨趋势，年均增长率为 2.0%～69.9%，中国工业电价增长率为 1.8%，位居中下部。2022 年，土耳其工业电价涨幅最高，约为 296%；瑞士的工业电价涨幅最低，为 2.2%。

表 3-9　　　　2018—2022 年部分国家（地区）工业电价情况　本币元/（kW·h）

国家（地区）	2018 年	2019 年	2020 年	2021 年	2022 年	年均增长率（%）	2022 年同比增长（%）
土耳其	0.406	0.600	0.720	0.855	3.387	69.9	296.0
挪威	0.554	0.528	0.190	0.840	1.848	35.1	119.9
匈牙利	25.494	25.494	25.106	28.489	75.747	30.9	162.4
荷兰	0.079	0.086	0.098	0.117	0.191	25.7	63.6
希腊	0.089	0.087	0.095	0.137	0.212	25.3	55.9
卢森堡	0.071	0.073	0.074	0.094	0.161	22.9	71.9
捷克	2.094	2.384	2.579	2.659	5.775	22.9	79.6
爱沙尼亚	0.087	0.089	0.082	0.119	0.198	22.9	66.3
丹麦	0.587	0.534	0.505	0.806	1.337	22.9	65.8
爱尔兰	0.109	0.115	0.111	0.147	0.245	22.5	67.2

续表

国家 (地区)	2018 年	2019 年	2020 年	2021 年	2022 年	年均 增长率 (%)	2022 年 同比增长 (%)
斯洛文尼亚	0.079	0.083	0.088	0.095	0.176	22.2	86.0
波兰	0.345	0.380	0.419	0.463	0.756	21.6	63.3
斯洛伐克	0.120	0.131	0.129	0.134	0.245	19.7	83.1
瑞典	0.606	0.667	0.580	0.580	1.240	19.6	113.8
意大利	0.148	0.165	0.151	0.173	0.300	19.3	73.4
西班牙	0.108	0.110	0.103	0.123	0.218	19.2	76.8
奥地利	0.093	0.098	0.104	0.119	0.188	19.1	58.0
比利时	0.116	0.121	0.121	0.135	0.213	16.5	58.2
英国	0.104	0.115	0.123	0.137	0.185	15.5	35.8
南非	0.700	0.740	0.740	1.035	1.222	15.9	18.0
芬兰	0.066	0.067	0.068	0.071	0.108	13.0	53.4
德国	0.123	0.134	0.152	0.157	0.194	12.0	23.2
法国	0.099	0.105	0.109	0.115	0.130	7.2	13.4
日本	17.743	17.917	17.280	16.111	23.377	7.1	45.1
智利	101.835	112.181	130.287	130.281	133.233	6.9	2.3
美国	0.069	0.068	0.067	0.073	0.085	5.1	16.4
加拿大	0.109	0.120	0.120	0.116	0.122	3.0	5.4
新西兰	0.143	0.139	0.153	0.168	0.160	3.0	-5.7
葡萄牙	0.115	0.116	0.112	0.113	0.128	2.9	15.1
韩国	110.395	110.502	111.324	109.385	123.049	2.8	12.5
瑞士	0.119	0.119	0.118	0.126	0.129	2.0	2.2
中国	**0.625**	**0.617**	**0.597**	**0.606**	**0.670**	**1.8**	**10.6**

资料来源：《Energy Prices and Taxes，2nd Quarter 2022》，IEA。

（二）居民电价

2022 年，32 个国家（地区）的居民电价如表 3-10 所示，其水平为 0.082～0.518 美元/（kW·h），中国居民电价为 0.082 美元/（kW·h），位于倒数第一位。

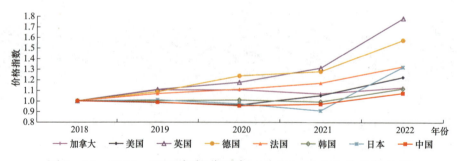

图 3 - 10　2018－2022 年部分国家（地区）工业电价走势比较

表 3 - 10　　　　　2022 年部分国家（地区）居民电价水平比较　　　美元／（kW·h）

国家（地区）	2022 年	国家（地区）	2022 年
丹麦	0.518	法国	0.218
荷兰	0.495	瑞典	0.213
比利时	0.421	卢森堡	0.204
英国	0.394	斯洛伐克	0.203
意大利	0.383	澳大利亚	0.200
捷克	0.373	新西兰	0.197
西班牙	0.350	波兰	0.172
德国	0.349	斯洛文尼亚	0.170
爱尔兰	0.310	智利	0.167
挪威	0.310	美国	0.151
日本	0.263	加拿大	0.125
希腊	0.260	韩国	0.107
奥地利	0.248	匈牙利	0.104
芬兰	0.237	土耳其	0.090
爱沙尼亚	0.234	**中国**	**0.082**
葡萄牙	0.233		
瑞士	0.229	平均	**0.250**

资料来源：《Energy Prices and Taxes，2nd Quarter 2022》，IEA。

　　2022 年，28 个国家（地区）不含税（消费税和增值税）的居民电价为 0.073～0.328 美元／（kW·h），丹麦最高，中国最低，这些国家（地区）的居民电价税费构成如表 3-11 和图 3-11 所示。这些国家（地区）的居民电价中，税价占含税价的比例为 −49.2% ～36.8%，荷兰与希腊、捷克消费税出现负值，德国、丹麦、挪威等欧洲国家较高，均超过 20%；中国税价比重为 11.5%，位于中等偏低水平。

表 3-11　　2022 年部分国家（地区）居民电价及税费构成比较　美元/（kW·h）

国家（地区）	不含税价格	消费税	增值税	含税价格	税价占含税价比例（%）
丹麦	0.328	0.087	0.104	0.518	36.8
荷兰	0.578	−0.168	0.086	0.495	−16.7
比利时	0.341	0.047	0.033	0.421	19.0
英国	0.376	0.000	0.019	0.394	5.8
捷克	0.336	−0.028	0.065	0.373	9.9
西班牙	0.324	0.002	0.024	0.350	7.3
德国	0.223	0.071	0.056	0.349	36.2
爱尔兰	0.281	0.000	0.029	0.310	9.4
挪威	0.234	0.014	0.062	0.310	25.6
日本	0.236	0.003	0.024	0.263	10.1
希腊	0.389	−0.143	0.015	0.260	−49.2
奥地利	0.189	0.018	0.041	0.248	23.8
芬兰	0.169	0.024	0.043	0.237	28.1
爱沙尼亚	0.182	0.013	0.039	0.234	22.2
葡萄牙	0.196	−0.001	0.038	0.233	15.9
瑞士	0.189	0.024	0.016	0.229	17.7
法国	0.167	0.019	0.031	0.218	23.1
卢森堡	0.168	0.021	0.015	0.204	17.5
斯洛伐克	0.169	0.000	0.034	0.203	16.7
澳大利亚	0.182	0.000	0.018	0.200	9.1
新西兰	0.172	0.000	0.026	0.197	13.0
波兰	0.164	0.000	0.008	0.172	5.8
斯洛文尼亚	0.130	0.013	0.028	0.170	23.8
智利	0.140	0.000	0.027	0.167	16.0
韩国	0.094	0.003	0.009	0.107	12.0

续表

国家 (地区)	不含税价格	消费税	增值税	含税价格	税价占含税价 比例(%)
匈牙利	0.082	0.000	0.022	0.104	21.3
土耳其	0.079	0.003	0.008	0.090	11.9
中国	**0.073**	**0.000**	**0.009**	**0.082**	**11.5**
平均	**0.227**	—	—	**0.261**	—

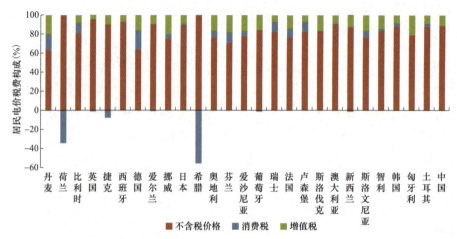

图 3-11 2022 年部分国家(地区)居民电价税费构成比较

2018—2022 年,32 个国家(地区)居民电价情况如表 3-12 和图 3-12 所示。土耳其、挪威、荷兰、捷克、英国等国家居民电价增长较快,年均增长均大于 10%。2022 年,荷兰居民电价涨幅最高,涨幅为 192%。2022 年,中国居民电价以 0.2% 的幅度上升。

表 3-12　　　　2018—2022 年部分国家(地区)居民电价情况　本币元/(kW·h)

国家 (地区)	2018 年	2019 年	2020 年	2021 年	2022 年	年均 增长率 (%)	2022 年 同比 增长 (%)
土耳其	0.503	0.601	0.720	0.856	1.483	31.1	73.2
挪威	1.107	1.106	0.777	1.555	2.982	28.1	91.8
荷兰	0.179	0.223	0.142	0.161	0.470	27.4	192.0
捷克	3.981	5.410	5.715	5.478	8.704	21.6	95.4

续表

国家 (地区)	2018 年	2019 年	2020 年	2021 年	2022 年	年均 增长率 (%)	2022 年 同比增长 (%)
英国	0.172	0.183	0.184	0.203	0.320	16.8	57.8
爱沙尼亚	0.134	0.135	0.126	0.165	0.222	13.4	35.6
丹麦	2.260	2.143	2.006	2.140	3.667	12.9	71.4
意大利	0.237	0.258	0.252	0.258	0.364	11.3	40.9
希腊	0.166	0.166	0.172	0.192	0.247	10.5	29.0
比利时	0.278	0.282	0.275	0.286	0.400	9.5	39.8
爱尔兰	0.218	0.231	0.229	0.251	0.295	7.9	17.5
芬兰	0.169	0.184	0.182	0.191	0.225	7.4	17.6
日本	26.389	27.646	27.247	26.365	35.592	7.0	31.2
瑞典	1.703	1.845	1.603	1.603	2.156	6.1	35.5
斯洛伐克	0.153	0.163	0.174	0.168	0.192	6.0	15.6
西班牙	0.264	0.257	0.241	0.264	0.332	5.9	25.8
波兰	0.622	0.598	0.661	0.730	0.766	5.4	5.9
奥地利	0.195	0.198	0.208	0.216	0.236	5.9	9.3
法国	0.171	0.178	0.189	0.193	0.207	5.8	6.9
卢森堡	0.162	0.173	0.191	0.190	0.193	5.5	1.7
美国	0.129	0.130	0.132	0.137	0.151	5.1	10.2
智利	126.441	137.982	142.813	142.809	145.666	3.6	2.0
韩国	121.514	119.332	122.673	125.110	137.940	3.2	11.1
加拿大	0.146	0.149	0.146	0.156	0.163	2.6	5.2
德国	0.299	0.298	0.302	0.321	0.332	2.6	3.3
匈牙利	35.519	35.519	35.559	35.799	38.667	2.1	8.0
新西兰	0.291	0.291	0.293	0.300	0.311	1.8	3.8
瑞士	0.207	0.211	0.211	0.214	0.219	1.4	2.1
斯洛文尼亚	0.159	0.160	0.152	0.161	0.161	0.4	0.0
中国	**0.551**	**0.552**	**0.551**	**0.551**	**0.552**	**0.0**	**0.2**
葡萄牙	0.227	0.217	0.213	0.213	0.221	-0.7	3.8
澳大利亚	0.333	0.334	0.305	0.282	0.289	-3.5	2.3

资料来源:《Energy Prices and Taxes,2nd Quarter 2022》,IEA。

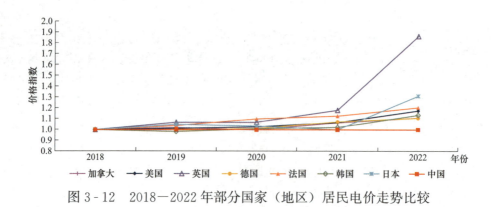

图 3 - 12　2018—2022 年部分国家（地区）居民电价走势比较

3.5　实际电价变化分析

　　将名义电价按当年汇率折算进行比较，虽然简单明了，但是折算后的名义电价包含了汇率因素和通货膨胀因素的影响，无法反映出两国的电力行业竞争力（或生产效率）的真实水平变化。**实际电价的变化情况可在去除通货膨胀因素和汇率变动因素后获得**。首先将以本币计价的名义电价去除通货膨胀因素后得到实际电价，然后将历年的实际电价的价格指数进行趋势比较。该方法需要数年间的电价数据作为支撑，但可以透过汇率波动和通胀变化造成的价格波动表象揭示各国电力行业竞争力的真实变化情况。下面以销售电价平均水平、工业用户电价和居民用户电价作为分析实例。

3.5.1　销售电价总水平

　　2018—2022 年 30 个国家（地区）名义销售电价见表 3 - 6、图 3 - 7 和图 3 - 8 所示，去除通货膨胀影响后所得到的实际销售电价如表 3 - 13 和图 3 - 13、图 3 - 14 所示。表 3 - 13 与表 3 - 6 对比可见，在剔除通货膨胀因素后，4 个有销售电价总水平数据的国家销售电价年均增长率均不同程度降低；30 个国家（地区）居民与工业用户按电量加权的实际销售电价的年平均增长率均不同程度下降，年平均增长率为负的国家（地区）数量增加到 3 个。土耳其由于里拉危机导致货币大幅贬值，爆发严重的货币危机，去除通货膨胀影响后，其电价由名义年均增长率 62.6％变为实际年均增长率 27.2％，变化幅度最大；我国名义电价有增长，但实际电价年均增长率为负，其中名义电价年均增长率为 0.9％，实际电价年均增长率为 -1.1％。

表 3-13   2018－2022 年部分国家（地区）实际销售电价情况 本币元/（kW•h）

国家（地区）	2018 年	2019 年	2020 年	2021 年	2022 年	年均增长率（%）	2022 年同比增长（%）
总水平							
新西兰	0.172	0.177	0.173	0.175	0.172	0.0	-1.8
美国	0.091	0.090	0.090	0.089	0.092	0.2	3.1
韩国	95.795	95.355	95.838	103.56	109.86	3.8	6.1
中国	**0.517**	**0.495**	**0.456**	**0.461**	**0.494**	**-1.1**	**7.3**
居民与工业用户实际销售电价按电量加权平均水平							
奥地利	0.104	0.107	0.113	0.121	0.152	9.9	25.7
比利时	0.131	0.133	0.133	0.141	0.194	10.3	37.8
加拿大	0.110	0.114	0.112	0.110	0.108	-0.4	-1.9
捷克	2.269	2.489	2.631	2.541	5.095	15.9	61.2
丹麦	1.002	0.944	0.905	1.095	1.718	15.4	56.9
爱沙尼亚	0.082	0.083	0.077	0.104	0.135	13.2	30.2
芬兰	0.085	0.088	0.089	0.092	0.115	8.0	25.6
法国	0.114	0.120	0.126	0.129	0.135	5.3	5.6
德国	0.149	0.155	0.168	0.173	0.186	5.6	7.6
希腊	0.112	0.111	0.121	0.153	0.201	15.7	31.1
匈牙利	25.043	23.267	21.894	23.226	42.211	15.1	81.7
爱尔兰	0.134	0.139	0.138	0.163	0.222	13.4	35.8
意大利	0.152	0.168	0.158	0.170	0.258	15.2	51.2
日本	20.479	20.968	20.537	19.594	26.251	6.4	35.0
韩国	98.164	97.499	98.272	95.858	101.251	0.8	6.7

续表

国家 (地区)	2018 年	2019 年	2020 年	2021 年	2022 年	年均 增长率 (%)	2022 年 同比增长 (%)
卢森堡	0.074	0.076	0.080	0.091	0.131	15.3	45.6
荷兰	0.088	0.098	0.091	0.104	0.187	20.8	79.1
挪威	0.622	0.594	0.308	0.843	1.650	27.6	95.9
波兰	0.357	0.370	0.397	0.415	0.534	10.6	28.6
葡萄牙	0.132	0.129	0.128	0.127	0.129	− 0.5	1.6
斯洛伐克	0.112	0.119	0.119	0.117	0.171	11.1	46.1
斯洛文尼亚	0.090	0.092	0.095	0.100	0.140	11.6	39.4
西班牙	0.141	0.139	0.133	0.146	0.205	9.8	40.0
瑞典	0.907	0.970	0.833	0.829	1.271	8.8	53.3
瑞士	0.167	0.168	0.170	0.175	0.173	1.0	− 0.7
土耳其	0.210	0.256	0.274	0.272	0.549	27.2	102.1
英国	0.108	0.116	0.119	0.129	0.173	12.5	35.8
美国	0.091	0.089	0.089	0.089	0.093	0.5	3.6
中国	**0.504**	**0.484**	**0.460**	**0.461**	**0.491**	**− 0.6**	**6.5**

资料来源：https：//data. worldbank. org/indicator/FP. CPI. TOTL。

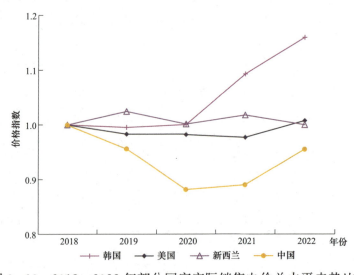

图 3-13　2018—2022 年部分国家实际销售电价总水平走势比较

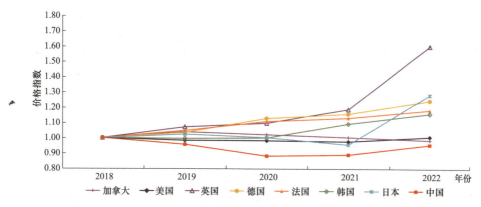

图 3-14　2018—2022 年部分国家实际平均销售电价走势比较

3.5.2　分类销售电价

（一）工业电价

2018—2022 年 32 个国家（地区）工业电价如表 3-9 和图 3-10 所示，去除通货膨胀影响后所得到的实际电价如表 3-14 和图 3-15 所示。表 3-14 与表 3-9 对比可见，在剔除通货膨胀因素后工业电价年均增长率为负的国家（地区）数量变为 3 个，即实际上大多数国家电力行业对工业提供支撑的竞争力水平是提高的。土耳其剔除通胀因素后，其工业电价年均增长率由 69.9％变为 33.0％。

表 3-14　2018—2022 年部分国家（地区）工业实际电价情况　　本币元/（kW·h）

国家（地区）	2018 年	2019 年	2020 年	2021 年	2022 年	年均增长率（％）	2022 年同比增长（％）
土耳其	0.200	0.256	0.274	0.272	0.624	33.0	129.8
挪威	0.471	0.439	0.156	0.667	1.386	31.0	108.0
匈牙利	21.658	20.958	19.179	21.564	49.367	22.9	128.9
希腊	0.087	0.085	0.094	0.134	0.189	21.4	41.2
荷兰	0.070	0.074	0.083	0.097	0.144	19.8	48.8
丹麦	0.536	0.484	0.455	0.714	1.100	19.7	55.0

续表

国家 (地区)	2018 年	2019 年	2020 年	2021 年	2022 年	年均 增长率 (%)	2022 年 同比增长 (%)
卢森堡	0.063	0.063	0.064	0.079	0.128	19.5	61.7
爱尔兰	0.103	0.108	0.105	0.135	0.209	19.3	55.1
斯洛文尼亚	0.072	0.075	0.079	0.084	0.143	18.6	70.9
意大利	0.134	0.149	0.136	0.154	0.246	16.3	60.2
瑞典	0.558	0.603	0.522	0.511	1.008	15.9	97.3
西班牙	0.098	0.099	0.093	0.108	0.176	15.8	63.2
捷克	1.849	2.047	2.147	2.131	3.325	15.8	56.1
爱沙尼亚	0.073	0.073	0.067	0.094	0.131	15.7	39.3
奥地利	0.080	0.083	0.087	0.097	0.141	15.1	45.5
波兰	0.309	0.333	0.355	0.373	0.533	15.6	42.7
斯洛伐克	0.107	0.114	0.110	0.110	0.179	13.9	62.4
比利时	0.100	0.103	0.102	0.112	0.161	12.6	45.4
英国	0.089	0.097	0.101	0.110	0.139	11.8	25.8
芬兰	0.060	0.060	0.061	0.061	0.088	10.1	43.2
南非	0.459	0.466	0.451	0.603	0.665	9.7	10.3
德国	0.111	0.118	0.134	0.134	0.155	8.9	15.7
日本	16.900	16.985	16.386	15.313	21.678	6.4	41.6
法国	0.091	0.096	0.099	0.102	0.110	5.0	7.7
智利	79.172	85.041	95.848	91.694	83.993	1.5	− 8.4
瑞士	0.120	0.120	0.120	0.127	0.126	1.2	− 0.6
美国	0.060	0.058	0.056	0.058	0.063	1.2	7.8
韩国	96.231	95.957	96.154	92.176	98.670	0.6	7.0
葡萄牙	0.104	0.105	0.101	0.101	0.106	0.6	5.8
加拿大	0.095	0.103	0.102	0.095	0.094	− 0.2	− 1.3
中国	**0.514**	**0.493**	**0.466**	**0.468**	**0.508**	**− 0.3**	**8.4**
新西兰	0.127	0.121	0.132	0.139	0.124	− 0.6	− 11.0

资料来源：1.《Energy Prices and Taxes，2nd Quarter 2022》，IEA。

2. https：//data. worldbank. org/indicator/FP. CPI. TOTL。

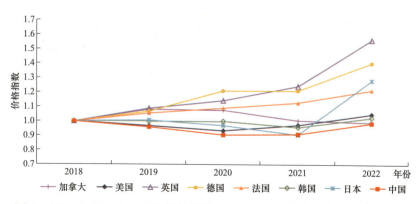

图 3-15　2018—2022 年部分国家（地区）工业实际电价走势比较

（二）居民电价

2018—2022 年，32 个国家（地区）近年的居民电价如表 3-12 和图 3-12 所示。去除通货膨胀影响后所得到的实际电价如表 3-15 和图 3-16 所示。表 3-15 与表 3-12 对比可见，在剔除通货膨胀因素后居民电价年均增长率为负的国家（地区）数量变为 10 个，土耳其为去除通货膨胀影响前后增长率变化最大的国家。

表 3-15　2018—2022 年部分国家（地区）居民实际电价情况　本币元/（kW·h）

国家（地区）	2018 年	2019 年	2020 年	2021 年	2022 年	年均增长率（%）	2022 年同比增长（%）
挪威	0.941	0.920	0.638	1.233	2.237	25.2	81.4
荷兰	0.158	0.193	0.121	0.134	0.355	22.4	165.5
捷克	3.515	3.786	3.924	3.589	6.061	15.6	68.9
英国	0.146	0.153	0.152	0.164	0.239	13.2	46.2
丹麦	2.064	1.942	1.810	1.896	3.017	10.0	59.1
意大利	0.216	0.234	0.228	0.230	0.299	8.5	30.2
希腊	0.163	0.162	0.170	0.188	0.221	7.9	17.6
爱沙尼亚	0.112	0.111	0.103	0.130	0.146	6.8	12.8
日本	25.134	26.209	25.837	25.059	32.077	6.3	28.0

续表

国家（地区）	2018 年	2019 年	2020 年	2021 年	2022 年	年均增长率（%）	2022 年同比增长（%）
比利时	0.241	0.241	0.233	0.237	0.302	5.8	27.5
爱尔兰	0.206	0.217	0.216	0.231	0.251	5.1	9.0
芬兰	0.152	0.164	0.162	0.166	0.182	5.7	9.8
西班牙	0.240	0.232	0.218	0.231	0.269	2.9	16.1
瑞典	1.569	1.670	1.443	1.413	1.754	2.8	25.1
法国	0.158	0.162	0.171	0.172	0.175	2.6	1.6
土耳其	0.247	0.256	0.274	0.272	0.273	2.6	0.5
卢森堡	0.143	0.150	0.165	0.160	0.153	1.6	−5.4
奥地利	0.168	0.168	0.174	0.176	0.177	1.3	0.6
韩国	105.923	103.624	105.956	105.584	110.610	1.1	5.8
斯洛伐克	0.136	0.141	0.148	0.138	0.141	0.9	1.6
瑞士	0.209	0.212	0.213	0.216	0.214	0.6	−0.7
美国	0.112	0.111	0.111	0.110	0.113	0.2	2.0
德国	0.269	0.264	0.267	0.275	0.267	−0.2	−3.0
加拿大	0.128	0.128	0.124	0.128	0.125	−0.5	−2.4
波兰	0.557	0.524	0.560	0.589	0.540	−0.7	−8.3
智利	98.303	105.600	105.063	100.512	91.830	−1.7	−8.6
新西兰	0.258	0.255	0.252	0.248	0.241	−1.8	−3.1
中国	**0.453**	**0.441**	**0.430**	**0.426**	**0.418**	**−2.0**	**−1.8**
斯洛文尼亚	0.145	0.144	0.137	0.143	0.131	−2.5	−8.1
葡萄牙	0.206	0.196	0.192	0.190	0.183	−2.9	−3.8
匈牙利	30.174	29.199	28.291	27.097	25.537	−5.1	−5.8
澳大利亚	0.282	0.279	0.252	0.227	0.218	−6.2	−5.0

资料来源：1.《Energy Prices and Taxes，2nd Quarter 2022》，IEA。
2. https：//data.worldbank.org/indicator/FP.CPI.TOTL。

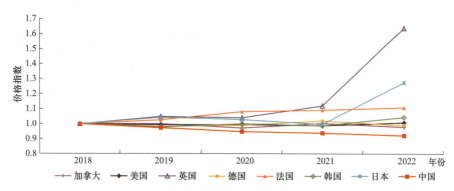

图 3-16　2018—2022 年部分国家（地区）居民实际电价走势比较

3.6　电价比价分析

3.6.1　用户电价比价

　　2022 年，31 个国家（地区）的居民电价与工业电价比价如表 3-16 所示，平均为 1.44，中国居民电价与工业电价比价为 0.82、小于 1.0，表明工业用户对居民用户提供交叉补贴。

表 3-16　2022 年部分国家（地区）居民电价与工业电价比价情况

国家（地区）	2022 年	国家（地区）	2022 年
丹麦	2.74	德国	1.71
荷兰	2.46	瑞士	1.70
芬兰	2.07	挪威	1.61
新西兰	1.94	法国	1.59
比利时	1.87	西班牙	1.52
捷克	1.82	日本	1.48
美国	1.79	**平均**	**1.44**
瑞典	1.74	加拿大	1.33
英国	1.73	奥地利	1.25
葡萄牙	1.72	意大利	1.22

续表

国家（地区）	2022 年	国家（地区）	2022 年
爱尔兰	1.20	波兰	1.01
卢森堡	1.20	斯洛文尼亚	0.91
希腊	1.17	**中国**	**0.82**
爱沙尼亚	1.12	斯洛伐克	0.78
韩国	1.12	匈牙利	0.52
智利	1.09	土耳其	0.44

资料来源：《Energy Prices and Taxes，2nd Quarter 2022》，IEA。

2018—2022 年，31 个国家（地区）的居民用电与工业用电比价见表 3-17 及图 3-17。近年来，我国由于实施居民阶梯电价、全面放开燃煤上网电价，以及全国统一电力市场建设加快市场化交易进程，使得居民与工业用电比价降低，工业用户对居民用户交叉补贴资金增多。

表 3-17　　　　　2018—2022 年居民用电与工业用电比价情况

国家（地区）	2018 年	2019 年	2020 年	2021 年	2022 年
奥地利	2.09	2.02	2.00	1.81	1.25
比利时	2.41	2.34	2.28	2.12	1.87
加拿大	1.35	1.24	1.22	1.34	1.33
智利	1.24	1.23	1.10	1.10	1.09
捷克	1.90	1.85	1.83	1.68	1.82
丹麦	3.85	5.01	3.98	2.65	2.74
爱沙尼亚	1.54	1.51	1.53	1.38	1.12
芬兰	2.54	2.72	2.66	2.70	2.07
法国	1.74	1.69	1.72	1.68	1.59
德国	2.43	2.23	1.99	2.04	1.71
希腊	1.87	1.91	1.82	1.40	1.17
匈牙利	1.39	1.39	1.48	1.26	0.52
爱尔兰	2.00	2.01	2.06	1.71	1.20
意大利	1.60	1.56	1.67	1.50	1.22
日本	1.49	1.54	1.58	1.64	1.48

续表

国家（地区）	2018 年	2019 年	2020 年	2021 年	2022 年
韩国	1.10	1.08	1.10	1.13	1.12
卢森堡	2.29	2.36	2.57	2.02	1.20
荷兰	2.27	2.59	1.45	1.38	2.46
新西兰	2.04	2.10	1.91	1.78	1.94
挪威	2.00	2.10	5.10	1.85	1.61
波兰	1.80	1.58	1.58	1.58	1.01
葡萄牙	1.98	1.87	1.90	1.89	1.72
斯洛伐克	1.28	1.24	1.34	1.25	0.78
斯洛文尼亚	2.01	1.92	1.73	1.70	0.91
西班牙	2.44	2.35	2.35	2.14	1.52
瑞典	2.81	2.77	2.76	2.76	1.74
瑞士	1.74	1.77	1.78	1.70	1.70
土耳其	1.24	1.00	1.00	1.00	0.44
英国	1.65	1.59	1.50	1.48	1.73
美国	1.86	1.91	1.98	1.89	1.79
中国	**0.88**	**0.89**	**0.92**	**0.91**	**0.82**

资料来源：《Energy Prices and Taxes，2nd Quarter 2022》，IEA。

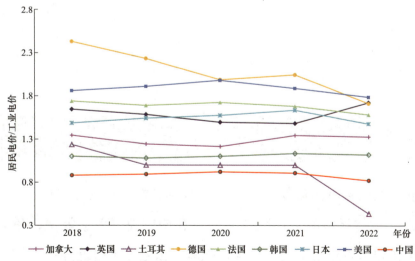

图 3 - 17　2018—2022 年部分国家（地区）居民电价与工业电价比价

3.6.2　分环节电价比价

2022 年，中国输配电价占销售电价比重处于较高水平，部分国家（地区）输配电价与销售电价的比值如表 3 - 18 所示。

表 3 - 18　　　　　部分国家（地区）输配电价占销售电价比重表

国家（地区）	2022 年比值（%）	国家（地区）	2022 年比值（%）
澳大利亚	45.0	日本	19.6
美国	38.0	波兰	18.8
中国	**30.4**	捷克	16.6
葡萄牙	26.9	爱沙尼亚	15.9
法国	25.3	比利时	15.2
瑞典	22.1	荷兰	15.0
芬兰	21.2	意大利	13.2
爱尔兰	21.1	丹麦	12.8
德国	21.0	罗马尼亚	11.0
奥地利	20.0	**平均**	**21.3**

资料来源：1. 美国：https：//www. eia. gov/EIA。

　　　　　2. 中国：国家能源局等。

　　　　　3. 欧洲国家：https：//ec. europa. eu/eurostat/。

注　1. 美国输配电价为重组后的输配电企业平均电价水平，输配电价与销售电价均为含税价。

　　2. 欧洲国家输配电价与销售电价水平均为居民用户和工业用户不含税的输配电价和含税销售电价按电量加权值。

　　3. 中国输配电价比重采用不含税的输配电价与含税的全国平均销售电价之比。

3.7　电力价格展望

电力价格所受影响因素复杂多样，短期内主要受到电源结构、一次能源价格、供需情况等因素影响，长期看又受所在国产业政策、能源政策等因素影响，导致各国电力价格情况差异较大，仅就我国电力价格进行展望。

上网电价。电源结构方面，我国目前仍以火电为主，2022 年受宏观经济复苏、迎峰度夏度冬等因素影响，我国电煤价格持续攀升，随着保供稳价措施的出台，预计煤价将逐步回归至合理水平但保持在高位运行。此外，为实现"双碳"目标，我国风电、光伏等新能源快速发展，技术进步导致造价下降，在平价、竞价上网政策下，一定程度上将降低上网电价。但新能源尚未实现平价利用，其导致的电力系统成本增长在终端用电价格中逐步体现。**电力供需方面，**我国风电、光伏等可再生能源大规模发展，发电装机容量稳步增加，电力供需总体保持平衡，但部分地区高峰时段电力供应紧张。**能源政策方面，**在燃煤发电"基准价＋上下浮动"的市场化价格机制下，2023年电煤价格水平仍将处于高位，在全面放开燃煤上网电价政策影响和容量电价机制完善情况下，燃煤发电整体成本疏导将得到稳固。**电力市场方面，**目前我国电力市场建设稳步推进，随着市场机制的逐步建立和完善，上网电价将有效反映电力供需情况，用电成本疏导路径将进一步畅通。**综合以上因素，2023－2024年，我国上网电价可能呈现稳中略升的趋势。**

输配电价。2023－2024年，在第三监管周期核价思路中，将进一步厘清输配电价结构，将上网环节线损和系统运行费用单列为系统运行费，**输配电价将稳中有降。**

销售电价。随着我国居民生活水平的提高，后疫情时代全社会的生产生活稳步恢复。居民用户方面，用电量将稳步增加，居民用户平均电价维持稳定，预计交叉补贴进一步扩大。工商业用户方面，随着电力市场加快建设、居民用电占比提升、新能源发电增加，不平衡资金向工商业用户分摊，在不处理交叉补贴情况下，工商业用电成本负担将加重。**预计2023－2024年，我国销售电价有可能迎来一定幅度的上涨。**

3.8 小　结

本章从电力生产消费、国内外上网电价、输配电价和销售电价等几个方面，对电力价格开展系统梳理，对比分析了电力行业竞争力变化、不同用户电价比价以及分环节电价比价，剖析了价格现象背后的原因，最后对未来两年我国电力价格进行了展望。

电力价格不仅受电源结构、一次能源价格、供需情况的影响，还极大地受到各国产业政策、能源政策的影响，为国内外电价水平比较分析增加了复杂性。2022 年，世界主要国家发用电量保持增长态势。2022 年，我国上网电价高于瑞典和丹麦，低于韩国、美国；我国输配电价与欧美国家、亚洲国家相比较低；我国销售电价在国际上处于较低水平，其中工业电价处于中等偏下水平、居民电价处于较低水平，与发达国家相比，我国居民电价低于工业电价，工业用户对居民用户的交叉补贴较为严重。

展望未来，我国电力供需将保持总体平衡，但局部地区供应偏紧，受宏观经济复苏和一次能源价格影响，我国平均销售电价将有一定幅度的上涨。长期来看，在碳达峰、碳中和目标要求下，我国电力行业将加快清洁低碳转型，如果相关成本顺利向终端传导，我国销售电价水平将稳步上升。

（本章撰写人：卿琛　审核人：尤培培、张超）

4

碳市场价格分析

4.1　碳市场交易概况

碳市场交易是利用市场机制控制和减少温室气体排放的重要政策工具。交易标的是碳排放配额，政府设定碳排放总量上限，向重点行业控排企业发放配额，企业管理自身碳排放，根据配额余缺情况，可在碳市场中进行买卖，由市场决定价格。目前全球运行的碳市场有欧盟跨国范围的碳市场，中国、德国、英国、新西兰、韩国等国家范围的碳市场，美国加州、美国东北部 10 州（RGGI，Regional Greenhouse Gas Initiative）、中国广东省、中国福建省等区域（跨城市）范围的碳市场，以及中国北京、中国天津和日本东京都等城市范围的碳市场。全球碳市场覆盖 17% 的排放量、近 1/3 的人口和世界经济 55% 的国内生产总值❶。欧盟碳市场交易金额最大，在全球碳市场交易金额中占比超过 60%。2022 年，欧盟、英国、德国、美国加州碳市场合计碳交易金额占全球总交易金额的比重超过 90%。

2022 年，美国、中国、印度、俄罗斯等碳交易量全球前五的国家总计交易量为 604 亿美元。其中，欧盟碳市场占比为 64.8%，英国和德国占比分别为 12.0% 和 10.7%，其他国家或地区的占比均不超过 10%。各国碳交易量占比如图 4-1 所示。

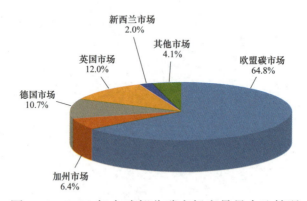

图 4-1　2022 年全球部分碳市场交易量占比情况

资料来源：ICAP（International Carbon Action Partnership，国际碳行动伙伴组织）。

2022 年，上述碳市场交易量同比均有上升趋势，2018—2022 年，主要碳市

---

❶　数据来源：Emissions Trading Worldwide，ICAP Status Report 2023。

场交易量走势如图4-2所示。

图4-2 全球部分碳市场交易量近年走势比较

目前，中国全国碳市场和北京、天津、上海、重庆、湖北、广东、深圳、福建等8省市试点碳市场并行。地方试点碳市场逐步纳入全国碳市场，纳入全国碳排放权交易市场的重点排放单位，不再参与地方碳排放权交易试点市场。全国和地方碳市场自成立以来碳交易额走势月曲线如图4-3所示。

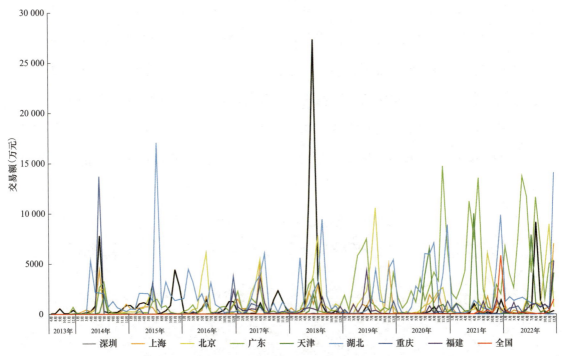

图4-3 全国和地方碳市场自成立以来碳交易额走势月曲线图
资料来源：wind。
注：为优化交易额规模可比性，将全国碳市场的每月碳交易额乘以0.01。

4.2 碳 价 水 平

由于各国减排压力不一样以及碳配额发放标准有所不同，全球碳价的区域性差别也较大。2022 年，9 个主要碳市场平均碳价为 8.64～98.99 美元/t，平均 45.28 美元/t，中国（全国碳市场）的价格最低，为 8.64 美元/t。

与国外碳市场的价格相比，我国碳价水平较低，不论全国市场还是地方市场，碳价都比国外主要碳市场价格低。究其原因，主要有：一方面我国碳市场中很多控排企业获得的免费碳配额足够履行承诺，故交易意愿不强，市场不活跃，价格缺乏上涨动力；另一方面，当前全国碳市场的交易品种仅为现货，试点地区的交易产品也主要是排放权配额、核证自愿减排量等现货产品，虽然上海碳市场推出远期产品，但交易量非常少，碳期货等衍生品交易的缺乏不利于市场活跃以及价格发现。欧盟碳市场在其发展历程中，从 2005 建立到 2016 年间，受排放数据可靠性制约、经济不景气等影响，免费碳配额以盈余为主，市场上碳配额供过于求，碳价以低位为主，多数时间在 10 美元/t 上下波动。为此，欧盟碳市场引入市场稳定储备机制（Market Stability Reserve，MSR）、排放配额预留（Backloading）措施等机制，可通过配额供应的临时性调整稳定价格。2022 年部分碳市场价格水平比较见表 4-1。2022 年部分碳市场价格水平如图 4-4 所示。

表 4-1　　　　　　2022 年全球部分碳市场价格水平比较　　　　　　美元/tCO_2e

碳市场	2022 年	碳市场	2022 年
英国	98.99	欧盟	85.43
瑞士	65.22	新西兰	52.62
德国	33.16	美国加州	30.82
韩国	18.75	美国 RGGI	13.89
中国国家	8.64	平均	45.28

资料来源：世界银行 - Carbon Pricing Dashboard，https：//carbonpricingdashboard.worldbank.org/map _ data.

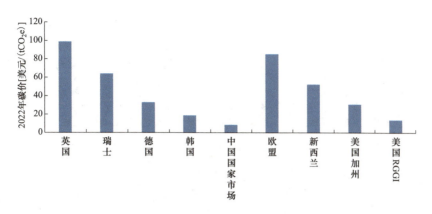

图 4-4　2022 年全球部分碳市场价格水平

2022 年，欧盟、中国月平均碳价水平如表 4-2 和图 4-5 所示。

表 4-2　　　　　2022 年欧盟与中国碳市场月平均碳价水平比较　　　　　美元/tCO₂e

2022 年	欧盟	中国
1 月	95.28	9.09
2 月	102.90	9.09
3 月	82.29	9.12
4 月	87.62	9.28
5 月	90.32	8.69
6 月	88.49	8.83
7 月	82.80	8.59
8 月	88.47	8.55
9 月	69.35	8.25
10 月	69.01	8.04
11 月	77.62	8.06
12 月	90.97	8.09

数据来源：ICAP Allowance Price Explorer。

　　整体来看，2022 年全年，随着地缘政治冲突引发欧洲能源危机、气候政策不断趋紧等事件的发生，欧盟碳市场总体呈现波动上涨，平均碳价高于 2021

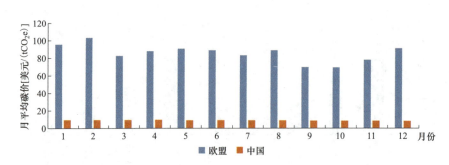

图 4-5   2022 年欧盟与中国碳市场月平均碳价水平比较

年。2022 年初，法国核电预期产量下降以及欧盟天然气储备量降低均提升了市场对高碳能源的需求，传导至碳市场引起碳配额需求的增加，推动碳价上涨。同时，地缘危机、气候政策趋紧也对碳价形成有力支撑。9 月，随着碳市场配额供应提升，碳价出现较大幅度下降。10 月下旬开始，欧盟多次释放加强国内气候政策信号，碳价开始回升。12 月，欧盟就碳排放交易体系改革方案达成临时协议，提出对电力、工业及航空设置更为严格的排放上限、逐步取消工业部门免费碳配额、2028 年计划引入覆盖建筑和道路运输的平行碳市场（欧盟碳排放交易体系 2 号）等一系列措施。该协议增强了碳市场投资者的信心，碳价持续上涨。

4.3   碳价变化趋势

4.3.1   世界碳价趋势分析

2018—2022 年，欧盟、美国加州、新西兰、韩国等国家和地区碳市场的价格水平及变化趋势如表 4-3 和图 4-6 所示，除韩国的碳市场价格有小幅度下降，其他国家（地区）的碳市场价格呈现上升态势。

表 4-3		2018－2022 年全球部分碳市场价格情况				美元/tCO$_2$e	
国家（地区）	2018 年	2019 年	2020 年	2021 年	2022 年	年均增长率（%）	2022 年同比增长（%）
欧盟	18.62	27.76	28.35	62.72	85.43	46	36
新西兰	15.72	16.37	20.13	35.63	50.04	34	45
美国 RGGI	5.87	5.98	7.06	10.44	15.84	32	42
美国加州	15.91	16.84	17.04	22.04	28.45	18	29
韩国	20.64	25.56	25.49	20.00	18.64	－3	－7

资料来源：ICAP Allowance Price Explorer。

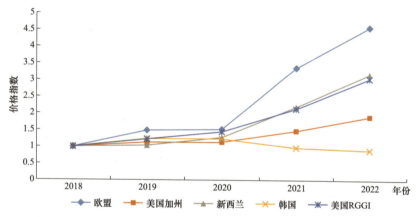

图 4-6　2018－2022 年全球部分国家（地区）碳价走势情况

欧盟碳市场自 2013 起引入的稳价机制❶。一是以延迟拍卖为核心的排放配额预留（Backloading）临时性措施，将 2014－2016 年间 9 亿配额预留至 2019－2020 年拍卖。二是 2019 年市场稳定储备机制（MSR）开始运行。根据市场流通配额总量（TNAC）情况，在独立运行的储备库中吸纳和释放配额，当 TNAC 超过 8.33 亿 t，将从之后计划拍卖配额中提取超出部分的 24%（2023 年之后为 12%）在未来 12 个月内纳入储备，TNAC 低于 4 亿 t 时释放 1 亿 t 配额并通过拍卖注入市场，自 2023 年起储备库中配额超过上年度的部分失效。

---

❶　资料来源：欧盟委员会。

2019 年与 2020 年，分别有 3.97 亿和 2.65 亿计划用于拍卖的配额被纳入 MSR，减少了欧盟碳排放交易体系的配额供给。在市场稳定储备机制的支持以及欧洲绿色复苏计划下，碳价 2019 年开始大幅上涨。2021 年，欧盟提出"Fit for 55"一揽子减排计划，包括提高 2030 计划减排量、将之前的 43% 提高至 62%，为建筑和交通领域引入新的排放交易系统，进一步收紧免费配额等一系列措施，一定程度上推动了碳价上涨。同时，2021 年的能源危机，也助推了碳价上行。欧盟 2021 年碳价屡创新高，突破每吨 80 欧元。2022 年初，受俄乌冲突及欧盟能源局势的影响，市场情绪悲观，碳价一度出现"腰斩"。欧盟重申碳市场为其气候政策的基石，并宣布"REPower EU"的计划，通过节能、生产清洁能源以及欧洲能源供应的多样化等方面，提高欧洲的能源独立性，这才重新稳定市场信心，碳价开始回升。

韩国从 2018—2022 年，碳价并未出现较大幅度波动，相对宽松的碳市场机制是其主要原因之一。韩国碳市场开始运行时，参考企业历史实际排放值设置了较为宽松的免费碳配额。2022 年，由于企业履约期前过剩配额卖出的增加，市场总体供应宽松，碳价以波动下行为主，整体低于 2021 年。

4.3.2　中国碳价趋势分析

2021 年 7 月 16 日，全国碳市场正式启动碳排放配额现货交易。从价格来看，2021 年 7 月至 2022 年 1 月在 42.2～61.4 元/t 区间内波动，2022 年 2 月开始逐渐稳定在 55～59 元/t 的区间内。从成交量来看，2021 年 12 月出现了明显的成交量激增，达到 13 556 万 t，远高于其他月份。这可能与政策调整、市场需求或者其他相关因素有关。此后，成交量开始波动，但总体呈现下降趋势。2022 年 9 月成交量最低点，仅为 1 万 t。成交量和价受履约影响较大，随着履约截止日期临近，量价齐升。2021—2022 年全国碳市场成交量和碳价走势情况如图 4-7 所示。

图 4-8 为 2014—2022 全国和地方碳市场碳价情况，可以看出，在这期间，

碳价呈现出明显的上升趋势，北京、上海上升趋势更为明显。全国和地方碳市场自成立以来碳价走势月曲线如图4-9所示。

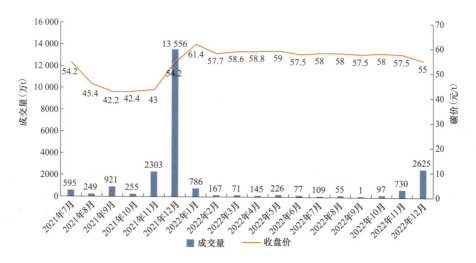

图 4-7　2021—2022 年全国碳市场成交量和碳价走势情况

数据来源：wind。

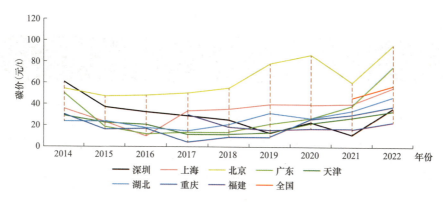

图 4-8　2014—2022 年全国和地方碳市场碳价走势情况

分区域来看，北京、深圳、上海等经济发达地区，碳排放限制更严格、减排压力更大、碳价相对较高。

2014—2019 年，随着社会各界对市场发挥碳减排作用的期望越来越高，碳市场规模持续扩大，参与主体对市场信心增强，碳价总体上升。2020 年，受到

Covid‐19 流行的影响，经济活动减少、碳排放量下降，碳价出现了短暂的回落。2021—2022 年，国家对气候变化的态度更加积极，对碳排放的控制更加严格，碳价快速回升并超过之前的高点。

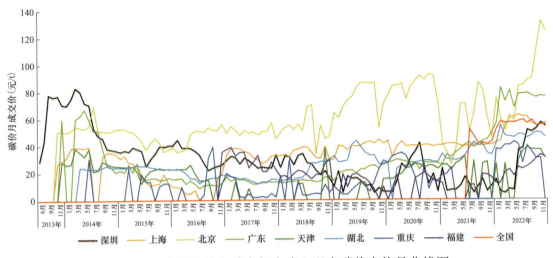

图 4‐9　全国和地方碳市场自成立以来碳价走势月曲线图

资料来源：wind。

4.4　展　　望

我国碳市场从短期来看，2023 年，全国碳市场第二个履约周期（2021、2022 年）共纳入发电行业重点排放单位 2257 家，年覆盖二氧化碳排放量超过 50 亿 t，随着第二个履约期临近，全国碳市场价格下半年屡创新高。

我国碳市场从长期来看，由于气候变化具有全球外部性、碳排放权具有全球自由流动的属性，碳价也会将向国际碳市场趋平。目前欧盟、美国、韩国的碳价都远远高于中国碳价，按照目前价格对比，欧洲度电碳价大约是中国度电碳价的十倍以上。长远看，中国碳价必然要打破目前的低价状态。

国际碳市场，短期内，俄乌冲突引发的能源限制问题依然是全球碳市场不确定性的重要因素。该因素对全球，特别是欧洲地区碳市场波及影响程度大概率取决于当地碳市场的韧性，及政府应对能源危机和气候变化协同关系的调节机制。

欧盟碳市场，2023 年开展多项重大改革，通过了 3 项主要气候法案，碳排放交易体系改革（ETS）、碳边界调整机制（CBAM）、价值高达 867 亿欧元的社会气候基金法（SCF）。

ETS 市场机制主要调整如下：一是提高 2030 计划减排量，2021 年的"Fit for 55"一揽子计划将之前的 43% 提高至 62%；碳排放上限递减速度加快，由上阶段的 1.74% 升至 5.4%；二是将海运纳入现有碳市场，并为建筑物和道路交通创建一个新的独立排放交易系统 ETS II，并决定将其碳价"限制"在每吨二氧化碳 45 欧元（合 49 美元），以确保"安全启动"，限制对参与者的价格冲击，这一上限并不是硬性规定，而是从市场稳定储备（MSR）中释放更多配额的触发门槛；三是逐步停止向航空业和碳边界调整机制（CBAM）涵盖的部门免费分配排放配额；四是欧盟内部航班纳入碳市场，涉及欧盟之外国家的航班实施全球国际航空碳抵消和减排计划（CORSIA，国际民航组织在 2016 年 10 月第 39 届大会通过，采用合格排放单元 EEU 减少 2020 年后的国际航班碳排放增量。该计划下，全球航空业 2035 年碳达峰，2050 年的二氧化碳排放量达到 2005 年排放水平的 50% 及以下，实现碳中和，碳净排放量稳定在 2019 年约 5.8 亿 t 的水平）；五是增加现代化基金和创新基金的可用资金；六是 2024 年起监测垃圾焚烧行业的排放，并从 2028 年起将其纳入 ETS；七是配额的修订，修订基线法的基准（根据产品而不再根据工艺过程来定义），取消煤炭的免费配额。

CBAM，涵盖铁、钢、水泥、铝、化肥、电力、氢气以及特定条件下的间接排放物，这些商品的进口商必须支付生产国碳价与欧盟排放交易体系中碳价之间的差价，引入 CBAM 后，免费配额在开始时将以较慢的速度淘汰，之后将以较快的速度淘汰。

社会气候基金，资金大部分来源于新的排放交易系统 ETS II 配额拍卖，主要支持在提高建筑能源效率、建筑供暖和制冷的低碳化方面的措施和投资，惠及弱势家庭、微型企业或运输用户，涵盖范围包括社会保障房屋的翻新、低收入人群的直接补贴等。

欧盟碳市场，在能源供需形势影响及政策调节作用下，碳市场处于紧平衡的状态，彭博新能源财经预测，未来两年排放量高于或低于预期可能会在短期内使欧盟的碳价波动超过 20%，欧盟碳市场价格 2024 年在 71～113 欧元/t 之间波动。

中长期来看，预计全球碳市场呈现出广度、深度持续加强的形势。国家、地区层面的碳市场建设和规划工作将稳步推进，在地域范围内持续扩大影响范围和程度。各碳市场不断优化自身机制，表现在覆盖行业持续扩大、温室气体范围逐渐全面、免费配额比例分阶段降低、拍卖份额适时增加等方面。根据国际货币基金组织（IMF）的研究，为了实现将全球变暖限制在 1.5～2℃ 以内以避免气候灾难，全球平均碳价需要在 2030 年达到 75 美元/t。

4.5 小　　结

本章从碳市场交易量和价格两方面，对 2018—2022 年碳市场情况开展梳理与分析，并展望了近期、中远期碳价走势。

2022 年，美国、中国、印度、俄罗斯等碳交易量全球前五的国家总计交易量为 604 亿美元。其中，欧盟碳市场占比为 65.8%，英国和德国占比分别为 12.0% 和 10.7%，其他国家或地区的占比均不超过 10%。2022 年中国碳市场价格较低，在欧盟、瑞士、英国、美国、中国等 9 个典型碳市场（价格为 8.64～98.99 美元/t）中最低。2018—2022 年，欧盟、美国、新西兰碳市场价格呈现上升态势。

从长期来看，我国碳市场价格将向国际碳市场趋平、打破目前的低价状态。国际碳市场，短期内，俄乌冲突引发的能源限制问题依然是全球碳市场不确定性的重要因素；中长期来看，各碳市场不断优化自身机制，表现在覆盖行业持续扩大、温室气体范围逐渐全面、免费配额比例分阶段降低、拍卖份额适时增加，碳价仍具有上升空间。

（本章撰写人：高效　审核人：尤培培、张超）

5

专题研究

5.1 居民阶梯电价分析

2012 年以来，我国对居民用电实施阶梯电价，按居民用电量划分为三档，执行分档递增价格。部分省份还出台了居民分时价格政策，在分档阶梯电价上叠加峰谷分时浮动比例，加大对居民用电行为的引导力度。居民阶梯电价政策自推行至今已十余年，"双碳"目标下需要进一步完善，以释放准确的价格信号引导用电、促进用户侧资源优化配置、保障能源安全和促进绿色发展。

5.1.1 居民阶梯电价实施情况❶

十年来，居民用电及电费的变化情况主要有以下几个方面。

一是随着居民生活水平提高，居民电量增加，一档用户向二、三档用户转移，一档用户覆盖率下降。"一户一表"居民总户数上涨 40％，一、二、三档居民户数上涨 29％、98％、100％，二、三档居民户数增幅大于一档居民户数增幅。第一档居民用户占比下降了 6 个百分点，第二档、第三档用户占比分别提高了 4 个百分点、2 个百分点，二档用户占比上升至大于三档。约一半的地区第一档用户覆盖率小于 80％，一、二档用户的覆盖率小于 95％。

二是阶梯电价实施后，居民电费支出的增长低于居民可支配收入的增长。居民电费支出占居民可支配收入的比重下降。2021 年，居民户均年电费支出占居民家庭（按 3 口之家）可支配收入的 0.84％，与 2013 年的 1.27％相比，下降 0.43 个百分点。

三是电价对居民用电行为引导作用加强，用户节电意识有所提高，并且切实享受到了降费的实惠。用户削峰填谷行为、采用电取暖行为增多，2016—2021 年，执行分时电价的电量占总电量比重略有提升，从 18％提升至 19％。

----

❶ 本节居民统计口径均为国家电网经营区范围。

从各时段电量变化来看，谷段电量增长最快并且占比上升幅度最大，谷段电量涨了约一倍、峰段电量上涨 66%、平段电量上涨 32%，谷段电量占总电量的比重涨了 9 个百分点，峰段电量上涨 2 个百分点，平段电量下降 11 个百分点。分时电价的实施，切实降低了居民的电费支出，谷时的电力消费占总消费电量的38%，谷时的电费支出只占总电费支出的 23%。如果峰、谷电量都按平段电价计费，则总电费将上升 13%。受执行分时政策影响，各档居民平均执行电价有所下降，一、二、三档电价分别比 2013 年降低了约 1 分/（kW·h）、0.1 分/（kW·h）、1.2 分/（kW·h）。从居民供暖期价格政策执行情况来看，2021 年供暖期价格政策比居民平均电价水平低约 0.2 元/（kW·h），较大程度减轻了供暖期居民电费压力。

5.1.2　当前形势对居民阶梯电价的新要求

近年来，居民生活电量和电力负荷快速增长，成为电力供应形势紧张的重要因素，居民阶梯电价面临新的要求。

一是居民阶梯电价需及时传递价格信号，加强对居民节能调峰引导。国网经营区内，除福建、甘肃、青海等 7 个省份[1]居民电费执行月阶梯外，其余省份均按年阶梯计费。阶梯电价按年阶梯执行，大部分用户在夏季高峰月电量累积一般仍在第一档范围内，用电价格低，用户没有感受到高价信号并及时约束用电量，导致部分居民年末电费大幅增加，也降低了居民对用电季节性差异的感知，无法发挥平抑高峰负荷作用。

二是居民分时电价执行范围、时段和价差有待优化，提高居民削峰填谷、节省电费潜力。目前国网经营区范围内，仅 15 地[2]实施实行居民峰谷分时电价政策，并且执行率不高。例如在江西、江苏、安徽、福建四地居民调查显示，

---

[1] 福建、湖南、四川、甘肃、青海、山西、内蒙古。
[2] 河北、山西、山东、上海、江苏、浙江、安徽、福建、河南、江西、四川、重庆、陕西、甘肃、宁夏。除上海、四川居民用户全部执行外，其他地区由居民自愿选择执行。

仅 41% 的用户选择执行峰谷电价。峰时段设置大多为 8~22 时，内含居民刚性用电较多的时段，居民可避峰电量有限。峰谷价差，大部分地区对用电谷时段提供了较大优惠，峰时段提价则明显较少，江苏、江西、福建三省峰时段每千瓦时仅提价 3 分，谷时段则分别降价 0.17 元、0.12 元和 0.20 元，对居民避峰的调动性不足。

三是居民用户需加强分时政策理解、增强主动调节用电行为意识及手段。全国万份问卷结果显示，约 38% 居民对分时电价不了解。有的居民不知道如何调整用电行为既能省电费又不影响生活。有的居民更关注用电舒适度、设备安全、服务水平等问题，对电价激励信号不敏感。大部分居民调整用电的手段以改变设备使用时间为主，家电智能化程度还有待提高，以便通过更为灵活的方式实现节费。例如包括：空调，可通过在高峰时段结合制冷/制热模式与送风模式交替运行来降低功率；热水器采用谷时预加热方式，利用保温性能将热水器用电大的加热时间转移到谷电时段，避峰节费。

5.1.3 居民阶梯电价政策优化建议

一是优化居民电价，推广月阶梯及分时电价。推动全国统一执行居民月阶梯电价，在夏、冬用电高峰时段更及时、准确地反映电费信号。推广分时电价政策，结合考虑风光接入影响的系统净负荷曲线特性优化峰谷时段，结合现货市场购电成本变化及居民对电价响应情况调整峰谷价差，在确保低谷价降幅大于高峰价涨幅基础上，适当提高峰价水平，拉大峰谷价差，向用户传导真实价格信号。

二是加强居民电价政策及节能等宣传引导。向广大居民普及电价政策，提供节能降费方案，推广智慧用电手段等。如通过社区宣传、电网 App、社交平台等方式重点向居民宣传预约煮饭、定时洗衣、调整空调温度等有益于"削峰"且对生活影响较小的知识，为居民提供选择分时电价、优化用电行为产生的电费节省效果的信息等。同时引导用户通过传统家电智能化、智能家电改进优化使其具备智能节能功能。

5.2 我国需求响应价格机制问题分析及建议

能源资源安全是关系国家经济社会发展的全局性、战略性问题。党的二十大报告强调"深入推进能源革命""实施全面节约战略""加强能源产供储销体系建设，确保能源安全"。在当前能源绿色低碳转型进程加快的背景下，电力供需形势发生深刻变化，影响电力供需的因素更为复杂。我国能源电力供应不平衡不充分，局部地区、局部时段电力供应紧张问题依然突出，保供压力不断增大。通过电力需求响应深挖各类可调节资源，引导用户合理错峰避峰，是保障电力安全可靠供应，促进清洁能源消纳的重要手段。需求响应机制，是调动需求侧资源积极性、提升需求响应实施成效的决定性因素。

5.2.1 需求响应机制的定义和分类

从国际经验来看，需求响应机制主要分为价格型和激励型两类。需求响应类型划分示意如图 5-1 所示。

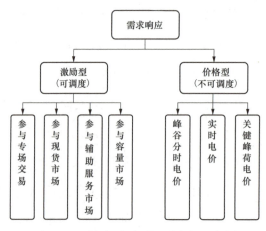

图 5-1 需求响应类型划分示意图

价格型需求响应，是指通过分时电力价格引导用户改变用电行为的负荷管理机制，包括峰谷价格、实时价格等形式。电力用户参与价格型需求响应时，不承担刚性的物理责任，可以自由确定和改变响应程度，除节约电费外无额外奖励，适用于小、散的居民、农业和小型商业用户负荷管理。**优点**是投资成本小，对控制系统无要求；**缺点**是难以对响应量进行精确控制和预测，无法在紧急情况下调用。目前价格型需求项主要以电网企业代理购电分时电价、分时零售套餐、居民和农业分时电价等形式开展。

激励型需求响应，是指对电力用户给予额外经济报酬，激励其提供特定负荷调节服务的需求响应机制。电力用户参与激励型需求响应时，需要承担物理责任，即如果无法按约定的数量和质量提供调解服务时将受惩罚；反之则在电费之外，按照政府制定的标准或市场规则，获得额外奖励。激励型需求响应适用大型工商业用户，或由负荷聚合商、虚拟电厂聚合代理的其他负荷侧资源。**优点**是能对可调资源响应量进行精确控制和预测；**缺点**是投资成本大，对通信控制系统要求高，且需要与电力现货市场出清算法进行耦合。

5.2.2 我国价格型需求响应存在的问题及改革方向

1. 存在的问题

一是现行分时电价执行范围有限。从范围来看，目前工商业用户已全部执行峰谷分时电价，但其他用户类别尚未实现全覆盖。在居民用电量快速增长、居民温控负荷在部分省份全年最大负荷中达到50％以上的背景下，目前我国仅有半数省份执行了居民分时电价；仅有9个省份执行了尖峰电价，有6个省份执行了深谷电价，西北等低谷新能源消纳压力较大的区域仍未普及，价格信号激励力度仍有待加强。

二是峰谷时段划分不够精准。一些省份在时段划分中，仅考虑在系统负荷高峰时设置高电价进行削峰，但随着我国风、光装机快速增长，系统负荷曲线高峰可能正值新能源大发，反而需要低电价引导用户多用电促进消纳。不准确的时段划分，可能增大电力系统平衡难度。部分省份峰谷电价未考虑季节性差异，导致时段划分与实际情况偏离较大。我国峰谷电价缺乏动态调整机制，不能适应源、荷两侧的快速发展。

以山西的情况为例，绿线为 4 月平均分时统调负荷，红线为 4 月平均分时日前和日内现货价格曲线，红、蓝色块分别代表山西执行的峰、谷电价时段，空白为平时段。红、绿曲线在 10：30 至 16：30 明显背离，原因是负荷平稳的情况下，光伏出力上升增加供给，现货价格下降。存在早峰和午谷被划为平段的问题，需要根据新能源装机和出力情况，灵活调整峰谷时段设置。山西峰谷时段划分示意如图 5-2 所示。

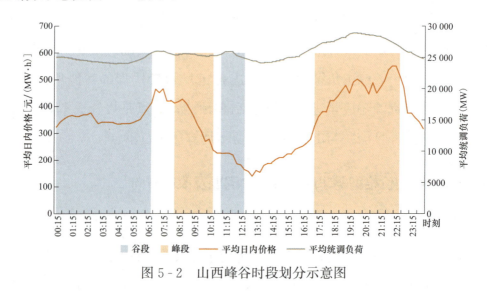

图 5-2　山西峰谷时段划分示意图

三是电力零售市场价格套餐分时信号传递不顺畅。当前，在电力零售市场中向市场化售电商以零售电力套餐形式购电的用户不断增加。但目前售电商自主制定合理分时售电套餐能力有限，部分地区市场监管部门也未进行有效指导，使分时价格信号无法向部分零售市场中的用户顺畅传导。

2. 改革方向

一是在各类用电中全面推广分时电价。目前，我国智能电表普及率较高，具备了实施分时电价的良好基础。建议在居民等类别中扩大分时电价执行范围。

二是精准优化分时时段划分。统筹考虑当地电力供需双侧状况，根据电力现货出清量价数据、系统净负荷曲线等合理确定分时时段划分方法，并建立时段划分和价差的动态调整机制。

三是合理拉大峰谷价差。结合负荷转移能力、各类用户用电价格弹性等，合理拉大价差。同时强化尖峰电价、深谷电价机制与电力需求侧管理政策的衔接协同，充分挖掘需求侧调节能力。

四是在电力零售市场中加强分时信号指导。市场监管部门应通过明确峰谷时段、规定价差下限、订立标准套餐等方式，明确电力零售市场价格中的分时信号，避免在分时信号方面形成不协调、不公平的"价格双轨制"。

五是创新价格型需求响应的开展形式。从国际经验看，随着电力市场化改革的不断推进，用户侧分时电价需要结合现货市场价格变化进行进一步细化完善，建立关键峰荷电价和实时电价机制。

关键峰荷电价（critical peak pricing，CPP）是在固定电价或分时电价的基础上，叠加一个费率更高的关键峰荷期电价，在关键峰荷期可以由系统紧急情况触发。关键峰荷电价出现的时间是不确定的，一般是在负荷曲线即将出现尖峰的一天以内通知用户，或者在事后追溯。我国随着现货市场不断完善，可适时试点关键峰荷电价，一方面引导用户削峰，另一方面疏导省间紧急购电、激励型需求响应等高价保供措施成本。

实时电价（real time price，RTP）是将电力现货市场中的价格信号直接传导向用户的电价机制。实时电价能灵敏地反映电力系统中的供需关系，对用户用电行为给出最准确的引导信号。

5.2.3　我国激励型需求响应存在的问题及改革方向

1. 存在的问题

一是政府定价的激励型需求响应补偿标准总体偏低。目前各省基于政府定价的激励型需求响应电价水平差异较大，如紧急削峰响应补偿标准从 4 元/kW

到 15 元/kW 不等，差异较大，从各省执行效果来看，普遍反映用户响应意愿偏低，难以达到预计目标。

二是市场定价的激励型需求响应与电量市场衔接不够紧密。目前，我国只有山西省允许电力用户通过注册成为虚拟电厂，在电力现货市场中常态报量报价提供需求响应。广东、山东等省份，建立了激励型需求响应市场化定价机制及与电力现货市场的衔接机制，但没有常态化开展，使有关市场主体难以评估需求响应能力建设投资的回报，不利于负荷侧可调资源的充分开发。

三是各省对激励型需求响应尚未根据提前通知时间、响应时长等做精细化分类。如在响应时长上，部分省份未明确对调控时长进行规定，导致响应用户无法按实际响应时长获得合理补偿。从细分响应类别和计价方式上，仅浙江细分日内、分钟、准秒和日前需求响应，区分淡旺季制定两部制价格机制。多数省份如江苏、天津、辽宁、重庆等省仅做了削峰和填谷的区分，执行单一容量电价或单一电量电价，未在响应时间、提前通知等方面制定细分价格类别。

四是激励型需求响应机制缺乏违约惩罚机制或惩罚标准偏低。目前较多省发布的电力需求响应实施细则中未明确违约惩罚细则，惩罚机制不明确，从实际操作来看，较多用户出现违约情况，影响机制作用的发挥。

五是需求响应资金来源需进一步扩大。目前需求响应资金来源主要有：尖峰电价增收资金（如江苏、四川等）、高耗能企业差别电价增收资金（如浙江等）、财政拨付（如天津等）、向电力市场主体按一定规则分摊（如广东、山东等）等。其中，财政拨付等渠道具有不确定性，尖峰电价增收资金、高耗能企业差别电价增收资金等渠道在一些省份规模较小，随系统运行费向市场主体分摊的渠道在很多省份尚未建立、健全。

2. 激励型需求响应改革建议

一是进一步提升激励水平。急需精准开展用户需求响应特性和成本特性分析，并开展分行业分用户类别需求响应意愿调查，分析阻碍用户参与需求响应的因素，进一步制定有效的响应激励机制。

二是推动激励型需求响应机制，与电力现货市场和带曲线中长期交易的耦合。一方面，学习 PJM 等国外电力市场经验，允许需求侧资源常态化报价、调用；另一方面，按季节等因素区分平常期与保供期，适当区分二者补偿标准或竞价上限，避免形成过大资金压力。

三是细化激励型需求响应产品分类。在响应时间、提前通知、控制时长等方面，结合时间尺度、季节因素等进一步细化。

四是建立需求响应合理基线标准和惩罚规则。基于基线标准，对响应质量进行评价，对未履行响应责任的参与用户进行惩罚，降低违约风险。

五是进一步巩固响应资金来源渠道。推动各地结合电力市场建设进展等实际情况，实现通过系统运行费等渠道筹集需求响应资金。

5.3　逐步建立反映电力稀缺价值的价格体系

2023 年，山东电力现货价格频繁出现负电价现象，引起各方热议。电力市场快速发展，为电价充分反映电力供需提供了基础，本质上是价格反映电力稀缺价值的能力持续增强。当前国家明确"深化电力体制改革"要求，有必要建立对电价稀缺价值反映的系统性认识。

5.3.1　对通过价格信号反映电力稀缺价值的整体认识

一是电力稀缺价值内涵丰富，我国电价未能充分反映电力稀缺价值。电力的稀缺价值体现在电能供应和需求[1]、电力输送和平衡、系统安全、绿色环保等多个方面。我国现行电价机制，初步满足了供电成本回收和电力资源配置的部分需要，但不充分（如系统灵活性资源激励不足）、不准确（如绿色电力溢价因市场较小定价不准）、不长远（如对应急备用电源的容量保障不够）等问

---

[1] 在需求低谷时段，发电机组维持获利和避免启停的价值。山东负电价现象即主要反映了电能需求价值。

题，仍广泛存在。

二是我国电力稀缺价值定价，处于向市场主导方式转变的过渡阶段。市场定价方面，以燃煤发电上网电价放开为标志，以现货市场加快试点建设为动力，在发、用两侧取得重要进展❶。**政府定价环节**，第三监管周期改革进一步理顺输配电价结构，输配电成本透明度增强，为市场化价格反映电力稀缺价值提供基础。

三是新型电力系统建设，要求加快提升对电力稀缺价值的定价能力。新兴主体加快涌现，要求及时、准确反映电力稀缺价值，以引导资源配置，统筹发挥各类资源作用、有效降低系统成本；**电力行业加快转型**，要求显性化电力稀缺价值，以吸引资金投入，促进电力科技创新，鼓励新产业新模式发展。

整体而言，**通过价格信号反映电力稀缺价值，是实现市场在电力资源配置中起决定性作用、更好发挥政府作用的重要抓手**。现阶段，受市场框架初步建立、主体不成熟、机制不完善等因素影响，我国尚不具备价格信号全面反映稀缺价值的基础条件，宜选择具备推进条件、影响范围较大的方面率先突破，以点带面推进电力稀缺价值定价。

5.3.2　建立逐步反映电力稀缺价值价格体系的突破口

（1）发电侧，优先完善电量市场限价机制，健全配套制度。

电能量市场限价机制是统筹发挥"配置能力"和控制"市场风险"的关键制度设计。**欠科学的市场限价机制往往是限制电能稀缺价值反应的关键堵点。**限价合理放开后，市场化电价可反映电能量时移及位置信息，不仅有助于调节电力供需、提升配置效率，还可为新型储能等灵活性资源丰富应用场景、增加发展空间。**优化市场限价机制的基本条件已经具备。市场发展层面**，省间现货实现整年连续开市；省内现货第一批 8 个试点已连续结算试运行，第二批 6 个

---

❶　例如，中长期煤电价格上浮不超过基准电价 20%。

现货试点完成模拟试运行。**机制建设层面**，近期出台《电力现货市场基本规则（试行）》，明确提出"市场限价应与市场建设相适应，并加强不同交易品种市场限价的协同"要求。

（2）基于全国统一大市场建设和新型电力系统建设的推进条件，完善大型风光基地输电电价机制，突出输电容量价值，反映位置信号。

输配电价体现电力输送价值，并且能够与电力市场价格形成机制相互作用，共同影响电网运行、投资效率和电力市场运行效率，是政府定价环节体现有为政府作用的重要领域，涉及区域电网、专项工程、省级电网、地方电网和增量配电网等各电网层级及其相关利益主体。其中，**宜选择完善大型风光基地输电电价机制作为突破口。**

一是当前以电量为主的输配电价格执行机制，难以适应全国统一电力市场体系建设需要，在大型风光基地外送线路上尤为突出。现行跨省区输电按单一制电量电价执行，在市场交易效率、准许收入回收、相关风险公平分摊、省间市场建设等方面均难以适应风光基地外送需要。**二是推动形成以容量为主的输配电价格执行机制，可更好体现电力输送通道的稀缺价值，支撑市场建设。**电力输送资源稀缺性主要体现在峰荷时段。取消或减少单一电量制对跨省区交易双方价差的约束，有助于增加省间电力流动，进而更好在资源大范围优化配置。**三是增加接入价❶利于体现电力输配送稀缺资源的位置差异性。**接入价机制可有效引导电源主动选择优质并网点，避免系统接入成本无序增长。**四是初步具备政策争取环境。**政府价格主管部门已初步接受输电容量价值概念，预计将在跨省区定价办法再次修订时明确加强输电定价灵活性。

（3）从优化用户侧资源配置和助力激发经济活力的角度，优化管制用户目录电价。

通过用户侧价格充分反映电力稀缺价值，引导资源优化配置涉及管制用

---

❶ 接入价主要用于电网企业投入的专用接入工程投资及运营成本回收，直接体现形成对应电力输配送服务能力的稀缺资源成本，可体现位置信号作用。

户、直接参与批发市场的大用户、零售市场用户、代理购电用户等不同用户，政府目录电价、批发市场、零售市场、代理购电等多个领域，情况复杂。**建议以优化管制用户目录电价为突破口。**

一是以居民为主的管制性用户在峰荷时段的负荷占比日益增大❶，用户目录电价优化的作用空间显现。提升对居民降温、采暖、充电等灵活性负荷的引导和调控水平，可优化用户侧资源配置。**二是居民负荷响应价格信号的技术条件已初步具备**。伴随信息技术发展和可预约、可定时家用电器负荷❷的增加，为居民负荷响应提供了基础。**三是向用户传导反映电力稀缺价值的价格信号，有助力扩大国内需求**。丰富用户侧价格信号应用场景，将推动商业模式创新与电器科技创新，促进形成家电换代消费需求。

5.3.3 研究建议

一是加快明确通过价格信号反映电力稀缺价值的改革方向，建议重点针对基本具备推进条件且影响较大的主要突破口集中力量攻关，为下一步全面推进电价信号充分反映电力稀缺价值创造更好条件。三个**备选突破口为：**优化市场限价机制、完善风光基地输电价格机制、优化管制用户目录电价。

二是实施路径上应积极研究、谨慎推进，建议采用试点先行的方式，在实践中发现并解决问题、总结经验，通过实际效果凝聚共识。电价是电力管理体制和市场运行机制最终的落脚点和表现形式，是各方利益的焦点，难以通过模拟推演预判全部情境，有必要通过试点实践完善方案设计和凝聚共识。

三是价格机制是电力市场化改革的重要抓手，但不能"包打天下"，需要电力市场体系同步整体完善。一方面，推动完善电力产品体系和市场体系建

---

❶ 特殊电力保供时期的高峰用电时段工业、商业、居民的负荷比已达 2：2：6；北京地区夏季空调负荷占最大负荷的比重超过 40%；2022 年夏，湖北、安徽的空调用电负荷占最大用电负荷比例分别约为 40% 和 46%（同比提高 6 个百分点）。

❷ 降温、采暖、电动汽车家用桩充电、洗碗机、扫地机、烘干机等。

设，丰富电力价格信号中所能反映的电力稀缺价值的维度。**另一方面，推动形成有效市场竞争**。在有效市场竞争条件下，市场价格信号才能够灵敏地反映各种资源的相对稀缺程度，进而有效引导资源配置。

5.4 电力定价监管权立法与监管信息披露的国际经验

5.4.1 电力供应成本概念与转型路径情景

输配电价监管体系建设与实施极富挑战性，不同国家在其法律法规和经济管理体制之下，确立了与之相适应的电力定价监管权以及监管信息披露规制政策。经梳理发现，美国、英国的立法机关负责通过能源法条，赋予执法部门电力定价监管权，同时执法部门负责搭建全面、细致的电价监督管理机制体系；美国和英国在电价的监督和管理中非常重视监管信息披露，以强化信息披露为主要手段保障市场公平和用户权益。

5.4.2 各国电力定价监管权立法路径

（一）美国

1. 监管权力来源

美国输配电价实行联邦和州政府分级管理的体制，联邦层面在《联邦电力法》明确了联邦能源管理委员会（FERC）的定价监管权力。联邦能源管理委员会（FERC）是一个内设于美国能源部的独立监管机构。为保持机构执法独立性，FERC 由总统提名并经参议院批准的五名委员管理，总统任命一名委员担任主席，根据法律，美国两党中每个政党的委员不能超过三名。FERC 被授予批准州际电力批发及输送价格的权力（approval of rates for wholesale sales of electricity and transmission in interstate commerce），并在《联邦电力法》（the federal power act）中予以规定，该法要求该机构确保批发价格"公正合理"，而不是"过度歧视或优惠"。2005 年颁布的《能源政策法》（the energy policy act of 2005）明确联邦能源管理委员会（FERC）为州际电能传输制定以激励为导向的价格方案（incentive‐based rate treatments），并在《联邦电力法》（the federal power act）中的第 219 条进行具体规定。州公用事业委员会（PUC）执行州层面电力定价监管权力。州一级的各地电力监管机构大体相似，以加州公用事业监管委员会（CPUC）为例，CPUC 职责中包括了配电业务及电力零售市场的价格及服务监管、电力普遍服务监管、可再生电力收购监管等。此外，加州能源委员会（主要负责发放火电厂建设许可证和电力应急管理）、自然资源委员会（负责火电厂温室气体排放监管）、加州独立系统调度机构 ISO（负责批发市场现场监控）也参与部分电力监管。美国联邦与州的电力定价监管权力划分如图 5‐3 所示。

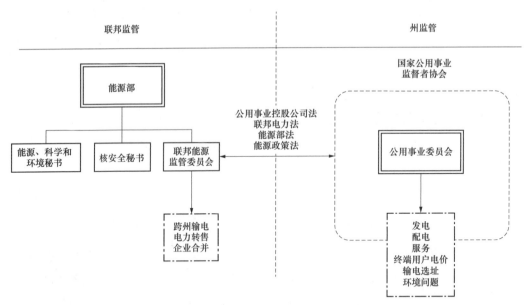

图 5‐3 美国联邦与州的电力定价监管权力划分

各级监管机构的监管范畴均在《**联邦电力监管规定**》和各州的《**公用事业法典**》中作了详细的规定，其中涉及电价制定、市场准入、许可证申请、企业兼并重组、接入互联、普遍服务、电网开放、服务质量、市场行为、会计和可靠性标准等内容。

2. 立法与执法机构具体职责

在联邦层面，（DOE）的任务是执行美国国会通过的能源法案，其中包括电力行业的监管和发展；美国联邦能源监管委员会（FERC）具体负责跨州输电的约 150 家企业输电价格监管，各州公用事业监管委员会负责本辖区配电价格监管。美国输电和配电价格在监管方法和程序上类似，在定价技术上没有本质区别，都是依据准入成本加准许收益的原则制定。美国能源部（DOE）主要负责制定和实施国家综合能源战略和政策，向国会和总统提交能源政策方案和建议，不具备直接监管职能。FERC 主要负责实施、管理和执行 EPAct 2005、FPA、NGA 以及其他监管电力行业的法规的大部分条款。在输配电监管方面，FERC 负责州际之间的电力传输经济监管机构，FERC 仅监管跨州界线的电力输送建设与定价，并监督大容量电力系统、发电厂和输电线路互联系统的可靠性标准。以 FERC 负责的输电价格核定程序为例，定价程序主要包括：

（1）企业提交核价申请。电网企业按照 FERC 规定格式提交经第三方会计师事务所审计的报表。输电价格核定后，输电企业每年、每季度都要填报执行情况报表，且上述报表都会在 FERC 官网上公开。由于美国输电工程产权多元化，一条线路可能由多个企业分段投资，每个企业都要提交核价申请表。

（2）依法核定输电价格。首先，由 FERC 会计部门对企业申报报表进行合规性审查。对企业提交的成本项目进行重点审核，剔除不合规成本项目。其次，由 FERC 输电定价部门进行定价监审。主要采取成本对比法，即对相同类型输电设备运维成本进行对比，要求电网企业对差异进行说明，并剔除不合理成本。最后，按照市场回报率核定每个投资方合理的输电价格。FERC 根据不同电网项目风险不同分别确定回报率，不同地区的回报率也存在差异。

（3）输电价格调整周期。美国输电价格主要有定期调整和不定期调整两种形式。一是定期调整。FERC 每年对输电价格执行情况进行审查，要求电网企业按年上报经会计师事务所审计的报表，如果成本出现较大变化，则要求电网企业进行解释说明，获得 FERC 审核同意后对电价进行调整。二是不定期调整。电力用户若认为电价偏高，或电网企业认为新增成本需要提高价格，均可向 FERC 提出调整电价的申请。由于输配电价可以及时进行调整，美国没有专门设置平衡账户机制。

（4）听取利益相关方意见。美国电力市场法律制度健全，虽然法律授予 FERC 和各州公用事业委员会输配电价格定价权限，但在输电价格核定期间和核定后，电力用户、电网企业或任何第三方均可以对电价水平提起行政诉讼，提交 FERC 行政法官裁决。行政法官通过听证会、书面沟通等方式充分听取各方意见后，作出裁决。听证会参与者包括电网公司、FERC 等监管机构、消费者代表以及由监管机构批准参与的环保团体等。如果一方不服裁决结果，可继续向法院提起法律诉讼。

（5）在州政府层面，美国部分州准许公共事业公司或者私企来定价，政府制定费率计算方式并企业签订合同和协议，以防止价格波动超过上限。"美国电力市场 101 规范中"中讨论，各地区的电力监管手段存在差异。美国的一些地区选择放松电力管制，并依靠区域输电运营商（RTO）运营的有组织的电力市场来确定电力传输价格。

（二）英国

1. 监管权力来源

英国立法机构英国议会（包含上院和下院）审议并通过燃气法和电力法，其中与电力有关的职责和职能在电力法中规定。根据电力法赋权，商业、能源和工业战略部（BEIS）为电力政策制定和指导的政府部门，Ofgem 为电力市场负责许可证发放与监管的监督与管理机构，负责电力价格机制的设计和市场公平的监管。英国电力市场主要由发电端、供电端、输电端、配电端组成，输电和配电端采用规定价格机制，由被授权相关许可的公司负责制定的区域，而发电端和供电端则采用自由的市场竞价交易。电力市场化改革后，英国目前有 3 家输电企业，其中英国国家电网（National Grid）最大；配电企业有 14 家左右。电价监管机构如图 5-4 所示。

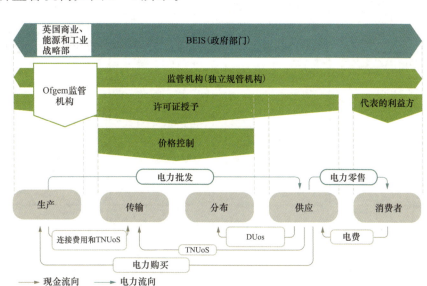

图 5-4　英国国家电网电价监管机构

2. 立法与执法机构具体职责

BEIS 的主要目标是保护现有和未来消费者关于管道输送天然气和通过配电或输电系统输送电力的权益。**Ofgem** 负责具体监管电力的生产、输、配以及销售供应，以及相应环节公司的信息披露情况，在输配电企业的总收入披露后，**Ofgem** 就会审查它们对消费者和服务的定价。执法机构保护的消费者的利益是他们的整体利益，包括他们在减少温室气体排放、确保向他们提供天然气和电力的安全以及管理局在履行其指定职能时的利益。Ofgem 可以要求电力企业披露输配电价信息，并对发现和监察的发生违规行为的公司处以罚款和强制令（不包括违反消费者法而无法实施处罚的公司）。具体情况如图 5-5 所示。

5.4.3　关于电价监管信息披露

（一）美国

联邦政府层面，美国全国的输配电价在美国能源信息署（EIA）的官网披露。其中，在《annual energy report》披露输配电价格信息，包括具体的输电

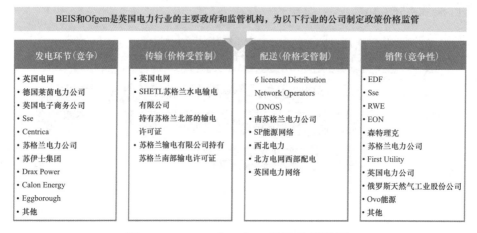

图 5 - 5　BEIS 和 Ofem 具体监管情况

价格和配电价格，《annual energy report》的支撑材料《electricity market module of the national energy modeling system：model documentation》中会发布输配电价计算模型，以及相关参数。其文件披露频次为一年一次。

各州输、配电公司部分属于公共事业公司，其提供的输配电服务需要在输电网实时信息系统（OASIS）及时和准确提供输配电价和相关日常信息。其他公司定价的信息，一般在其州政府网站和公司官网披露价格，具体指标信息在 $10 - k$[1] 和 $8 - k$[2] 中可以获取。目前，美国对电网企业采取输配电准许收入监管，根据制度规定测算电网企业的准许收入，再除以电量就得出输配电价格。美国最大的五个输电公司（不包括田纳西河谷管理局）是美国传动公司、太平洋天然气与电力公司（PG&E）、美国电力、艾克塞尔能源、杜克能源等；虽然输电设施通常为私人所有（联邦电力营销和州当局及合作社除外），但许多输电设施由大型区域实体（即独立系统运营 ISO）或区域输电组织 RTO）控制和运营。ISO 和 RTO（由 FERC 监管）负责控制、管理和运营大型输电网。美国

---

[1]　美国证券交易委员会（SEC）要求上市公司必须每年提交的有关其财务表现与公司运营的综合性报告。

[2]　与 $10 - k$ 不同，$10 - 8$ 是按半年形成，重点披露重大变更。对于输配电企业，如果 Ferc 规定模型里的指标有计算变化，在 $8 - k$ 里可直接找到。

有七个 ISO/RTO（ERCOT 是唯一不受 FERC 监管的），每个 ISO/RTO 负责管理该国特定地区的输电网，加州 ISO（监督加州和内华达州的大容量电力系统）、ERCOT（监管得克萨斯州大部分地区的电网）、中大陆 ISO（管理中西部 15 个州和加拿大 1 个省的大容量电力系统）、新英格兰 ISO（监督新英格兰六个州的大电网）、纽约 ISO（管理纽约的大容量电力系统）、PJM（监督大西洋中部几个州的大容量电力系统）、西南电力联营公司（Southwest Power Pool）或 SPP（监管阿肯色州、新墨西哥州和得克萨斯州北部部分地区直至怀俄明州北部的大容量电力系统），在公司的官网可以看到其收入各项披露情况。

（二）英国

经过首个 8 年周期，英国的输电监管从 2021 年 4 月 1 日起进入第二周期，执行 RIIO-2 模型，监管周期调整为 5 年。配电网于 2023 年 4 月 1 日起也进入第二周期。

披露平台方面，英国目前通过 Ofgem 官网披露未来将执行的输配电价，以及输配电价测算方法。在 RIIO-2 监管框架下，同样基于企业成本申报的基础之上核定输配电价，但监管机构只核定下一监管周期内价格或者收入上限，并且规定价格或收入上限年度下降的幅度。每个周期的监管信息在 Ofgem 官网及时、全面、详细地进行披露。具体如图 5-6 所示。

披露机制方面，RIIO-2 建立起涵盖"规则协商过程、核心规则、行业规则、企业规则"等信息在内的监管信息披露框架。以 2020 年 12 月披露的输电、输气 RIIO-2 监管信息为例，决定文件如图 5-7 所示。

（1）Ofgem 官网及时披露了自 2018 年 7 月以来至 2020 年 12 月底的规则协商过程具体信息，呈现 RIIO-2 条例的如何形成和确立，包括利益相关者意见、电力企业反馈、Ofgem 的阐述与对规则的思考完善等内容。

（2）公布了"最终决定-核心文档"，对 RIIO-2 的监管规则概貌、激励+创新+产出的通用规则、相对前一周期的规则变化等提供系统的披露与解析。

图 5 - 6   Ofgem 官网披露的输电（左）、配电（右）RIIO - 2 文档

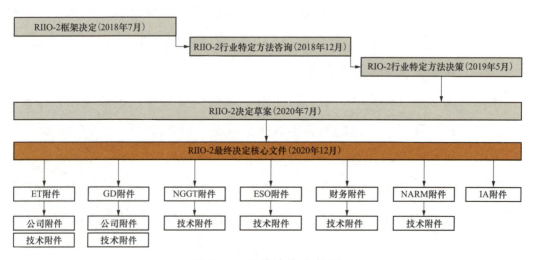

图 5 - 7   最终决定文件图

（3）提供"RIIO - 2 概述文档"，采用简化的图表方式，为用户提供精简、直观的描述。

（4）提供"技术附件"，涵盖了所有数据测算模型。

（5）提供包括输电（ET）、输气（GD）、ESO（电力系统运营）的行业监管信息披露文档。主要披露行业层面的监管信息。

（6）提供包括国家电网输电公司（NGET）、苏格兰水电传输公司（SH-ET）、苏格兰输电公司（SPT）等三家输电公司监管信息披露文档，反映企业层面信息。

每年电网公司必须根据 Ofgem 的 RIIO（收入＝激励＋创新＋产出）输配电价格控制报告其业绩和成本，电价与电量情况，同时整体数据将在 Ofgem 进行及时披露，以受社会公众监督。为了确保消费者的价格合理，价格控制限制了输配电价格的上升幅度并规定了公司运行效率，这些考核指标提供了价格监管的基本资料。RIIO 价格控制旨在鼓励电网公司在实现可持续能源行业方面充分发挥作用，并以给消费者实现合理价格为主要目标。根据 RIIO，每家公司都必须报告以下几个的情况：

（1）电力可靠性。企业能够提高电力网络可靠性，减少电力中断的次数和持续时间。

（2）电网连接广度。公司如何为连接到网络的客户提供更好的服务。

（3）客户服务。激励公司提供良好的客户服务并倾听利益相关者的意见。

（4）社会责任履行。公司将采取更多措施帮助弱势客户，特别是在停电期间。

（5）环境。公司必须减少碳排放和其他环境影响。

（6）安全。公司获得资助以确保网络保持安全并符合可持续与安全执行标准。

5.5 欧洲能源电力稳价措施分析及对我国的启示与建议

随着全球气候变暖趋势加剧，气候风险水平提高。为加强气候治理，保护人类生存环境，各国应对气候变化的能源政策不断加码，碳达峰、碳中和、清洁化发展道路已经成为国际社会基本共识。然而，当前世界格局动荡，各类"黑天鹅"事件频发，新冠疫情、极端气候、中美博弈、俄乌冲突等事件为世界各国能源安全带来巨大风险，能源电力短缺已经成为突出的全球性挑战。欧盟及欧洲各国先后出台稳定用能用电价格的系列政策。

5.5.1　欧洲能源电力稳价措施基本情况

欧洲能源危机源自长期结构性问题，对俄制裁是加剧供需失衡的直接原因。欧洲能源消费结构以传统能源为主，近年来向绿色能源转型过程中降低了石油和煤炭的消费比例，对天然气需求增加，并且依赖外部尤其是俄罗斯进口。俄乌冲突后欧盟对俄实行能源制裁，天然气供应紧缺叠加极端天气频发、可再生能源供应不足导致能源供需失衡，价格大幅上行。面临严峻复杂的能源问题，欧洲多措并举保供稳价，总体可以分为以下三个阶段：

（1）第一阶段，建立指导性"工具箱"，根据实际供各国选择使用。

由于能源转型加快，欧洲能源电力价格呈现大幅增长。为应对这一问题，2021 年 10 月欧盟提出涵盖短期和中长期措施在内的"工具箱（toolbox）"，指导成员国选择适合的政策以有效应对价格波动。**短期措施**侧重于保护消费者及企业用能权益，包括财税政策（发放应急补贴和代金券、减免用能税费等）、限价政策（限定能源零售价格等）等具体举措。**中长期措施**旨在推进低碳、有韧性的能源系统，拓展能源的来源途径，包括修订能源供应安全条例、完善市场机制、加强能源网络投资、增加能源储备、促进用户参与市场、提升电源投资效率、允许自发电、参股能源企业等具体举措。

（2）第二阶段，发布"RE power EU"计划，在"工具箱"基础上进一步强化短期措施。

2 月 2 日俄乌冲突爆发，进一步加剧了欧洲能源供应紧张局势。2022 年 3 月 8 日，欧盟委员会发布"RE power EU"计划，试图迅速缓解用能用电价格形成的冲击。重点措施包括：**一是**向消费者发放代金券、减免税收或提供低价供电，如对受俄乌冲突影响的企业提供补贴，对居民和小微企业用电价格实施管制，要求国有企业向特定消费群体以低于市场价格供电等；**二是**向化石燃料发电企业提供补贴，减小燃料价格上涨对发电价格的影响；**三是**限制电力批发市场价格上涨，对市场价格上限与实际发电成本的价差予以补贴；**四是**特定情况下征收"暴利税"；**五是**欧盟市场对天然气统一开展限价；**六是**与国际上更多元的天然气供应商协商长期合作，稳定量、价。同时，该计划也提出供应多样化、加快向清洁能源转型等长期措施，以摆脱对俄罗斯的能源依赖。

（3）第三阶段，发布紧急干预措施，研究修正市场定价机制。

2022 年三季度开始，考虑入冬后能源需求量大幅上升，为了应对消费者秋冬用能需求陡增，欧盟委员会紧急提出了"应对能源高价的紧急干预方案"，旨在解决天然气价格高昂问题，保障冬季能源供应安全。紧急干预措施包括了：**一是**减少能源需求，建议至年底电价最高峰时段削减不低于 5% 的用电量，总体电力需求至少减少 10%。**二是**对发电商设置 180 欧元/（MW·h）的临时收入上限，超出部分上缴政府并用于帮助消费者降低电费。**三是**对超边际收入上限未涵盖到的石油、天然气、煤炭和炼油行业的超额利润收取临时性团结捐款，款项上缴政府后，用于向消费者重新分配，以及为跨境能源网络提供资金。**四是**将"工具箱"的各个政策覆盖范围由居民和小微企业扩大至中小型企业，允许管制价格低于供电成本制定。**五是**在金融领域，修改衍生品市场抵押及保证金等规则，缓解发电企业流动性风险。**后续**，欧盟委员会还追加提出**市场修正机制**，提前一个月对天然气 TTF 期货衍生品设置 275 欧元的安全价格上限，并且在 TTF 价格与 LNG 价格之间的差距连续 10 个交易日缩小的情况下，价格上限自动暂停，以期同时兼顾保供安全和市场稳定。**2023 年 3 月**，欧盟委员会提出了欧洲电力市场改革草案，旨在通过优化电力市场设计、完善产品、服务和监管体系，解决居民、产业和投资者对短期电价波动的担忧，从而推动更大规模的可再生能源发展，提升欧洲整体产业竞争力。**2023 年 10 月**，欧盟理事会就修正欧盟电力市场设计（electricity market design，也即 EMD）提案达成一项协议（总体方案）。这将允许欧盟理事会主席国开始与欧洲议会进行谈判，以达成最终协议。

本轮欧盟电改的主要内容包括中长期电力市场合约、容量电价、用户侧保护以及危机时期能源限价等，各个成员国因地制宜落实稳价举措并取得显著效果。中长期电力市场合约包括推进购电协议（PPA）和差价合约（CFD），并提高长期电力市场的流动性。该项改革的目的是尽量让电力市场价格不再与化石能源价格太过于强相关。根据协议，欧盟理事会同意，成员国将通过国家担保、市场机制、公用事业需求等方式来进一步推广、促进 PPA 的应用。而在涉及公共资金的长期电力合同中，将采用差价合约（在市场价格低于一定限制时提供额外补偿，当市场价格高于某一限制时，要求发电方返还一定金额，以防止过高的不当暴利）。在电力长期交易中，CFD 将成为强制模板。

在容量电价方面，提案对发电机组的碳排放上限进行了修改，以保证更低碳的发电机组可以获得容量电价的补偿。此外，欧盟还希望可以进一步简化容量电价的审批程序。**用户侧保护方面**，提案要求电力供应商（也即售电公司）在其价格对冲策略中保护客户免受批发市场价格波动的影响。此外，提案中还存在类似"兜底售电公司"的策略，保障所有用户在整个电力系统供应稳定的情况下不会出现断电的情况。据提案欧盟成员国在危机时期具有更强的价格管制的能力，同时对低成本发电机组设定收入上限。

2021 年底至 2023 年初之间，欧盟委员会出台相关举措，能源电力价格得到有力控制，在第二、三阶段政策实施后，能源电力价格出现显著回落趋势。如表 5-1、图 5-8 和图 5-9 所示。

表 5-1   欧盟"工具箱"主要措施

短期措施	应急补贴、防止用户断供	政府向"能源贫困"消费者提供应急补贴，如发放代金券、支付部分账单等，这些补贴可获得欧盟排放权交易收入的支持
		允许临时性的账单延期支付

续表

短期措施	应急补贴、防止用户断供	采取限定零售价格等针对"能源贫困"家庭的保护性措施，避免消费者能源断供
	减、免税	对居民用电、气、煤等进行免税或减税
	支持居民和工商业企业	引导居民用户节能
		在不干扰欧盟碳交易体系前提下，对企业提供支持，如帮助企业加强分时用电管理、扩大可再生能源长期购买协议参与主体范围，使更多企业参与能源交易等
	加强合作和欧盟层面监管	加强国际能源流动，以保障国际市场的透明度、流动性和灵活性
		加强欧盟能源市场反竞争行为调查，并促请欧洲证券与市场管理局（ESMA）加强欧洲碳市场监管
中长期措施	构建有韧性能源系统	修订供应安全规章，促进统一市场中可再生天然气（Renewable Gases）的利用
		加强天然气储备
		完善电力批发市场
	保护终端用户用能权	加强消费者知情权和选择权
		加强消费者权益保障，促进消费者灵活转换售电商、提供节能建议、允许自发电、参股能源企业
	加强绿色转型投资	增加对新能源发电、创新及能源效率的投资
		加强欧洲能源网络投资，包括跨洲联络线、能源储存设备以及输配网络等
		完善相关制度，包括加快可再生能源准入流程、指导各国财政预算、完善相关投资制度等

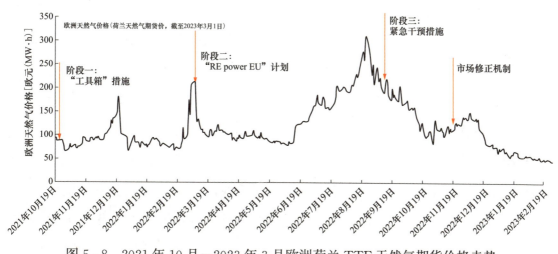

图 5-8 2021年10月—2023年3月欧洲荷兰 TTF 天然气期货价格走势

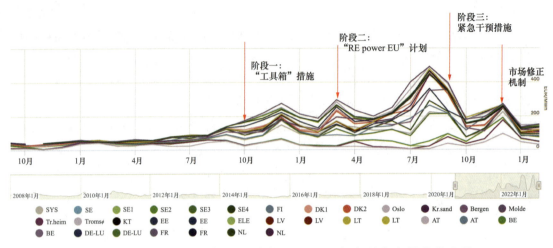

图 5-9　2021—2023 年 3 月欧洲 nordpool 电力现货交易价格走势

5.5.2　欧洲能源电力稳价经验分析

中国与欧盟在制度基础、地缘条件、资源禀赋和经济转型过程中既有差异也有共性，其能源电力稳价的整体思路以及部分具体举措对我国保供稳价以及绿色转型工作具有一定借鉴意义。

（1）欧盟与我国制度基础存在根本差异，但欧盟统筹兼顾、循序渐进的政策思路值得借鉴。

从制度看，欧洲的政策决策机制和颁布规则征询意见范围广，统筹各方利益难度大，政策实施自主灵活性相对较高。而我国决策机制更为集中，政策颁布与实施效率高、落实速度快；从经济基础看，欧洲国家实行私有制，市场化程度高，资源调节力量在于个体博弈，上游价格上涨容易在产业链传导至用户，经济能源政策施行根本在于平衡各个财团、公司与用户利益。而我国实行公有制，社会资源为全民所有，政府调节力量大，政策施行根本在于分配的效率与公平。由此，并非所有欧盟政策都适应于我国国情。从欧盟实施的政策思路而言，欧盟委员会"三管齐下"，从节约能源、能源供应多样化、加速推进可再生能源三方面着手，取代家庭、工业和发电领域的化石燃料。它从供给侧和需求侧同时发力平抑价格，一方面从需求侧优化用能方式，减少用户用能消费需求、限价并发放补贴，另一方面从供给侧均衡超额收益，收取暴利税，维持市场生态平衡、防止市场失灵。同时，欧盟政策组合中重视对金融工具对行业输血功能，通过公用事业和消费者之间的 PPA 和通过公用事业与政府之间的 Cfd，不断优化能源大宗商品的金融契约方式，对冲价格波动风险，有效保护投资者利益。

（2）欧盟国家与我国同属亚欧板块，能源地缘条件相近，进口依赖俄罗斯、中东和北非国家，区域内能源分布不均，资源开采转运成本高，急需多角度建设能源进口通道。

欧洲能源进口来源地主要为俄罗斯、中东和北非、美国等国家和地区，受地理便利，欧洲长期依赖俄罗斯和中东地区。我国化石能源进口主要依赖，中东、俄罗斯、巴西等国家，运输通道主要依靠海上油轮、少部分采用陆上油气运输管道和铁路运输，在国际地缘政治格局骤变情况下，能源进口和运输安全受地理因素限制的威胁愈发凸显。欧洲此次通过快速与国际建立更多样化的化石能源供应商协商长期合作计划，通过延长煤电和核电运营期限、扩大进口美国 LNG、积极与沙特等海湾国家达成供应协定、在国际市场上联合采购天然气等方式，扩大能源供给渠道，打通国家、区域间能源贸易壁垒，建立稳固多维能源供给网络同样适用于我国情形。

（3）欧洲与我国能源结构均存在短板、对外依存度高，急需多角度开辟能源供给途径，加快开展清洁能源替代。

欧洲原油、天然气及煤炭均高度依赖进口（尤其是从俄罗斯），对外依存度达到 60%。尤其是天然气供应一旦出现问题，欧洲各国则陷入被动。中国能源资源禀赋具有"富煤、贫油、少气"的特征，巨大的油气供需缺口导致我国能源对外依存度高居不下。面临长期的能源结构问题，欧盟计划逐步提高能源自给率，有序推进清洁能源转型。其中，在可再生能源发展方面，大幅增加风电与太阳能发电的装机规模，力图长期完全依赖可再生能源供应电力；同时，对户用及商业光伏税收减免的支持措施，取消户用和公共建筑光伏系统增值税，以促进光伏产业发展。

（4）欧盟在绿色低碳转型道路上先行一步，我国积极参与全球碳减排进程，欧洲部分国家能源转型节奏较为激进，导致其能源供应安全问题凸显。

碳达峰、碳中和目标提出后，欧洲持续加快能源清洁转型，部分国家激进去煤、去核。以风能为代表的新能源发电规模快速增长，但其间歇性强、波动性大，目前仍难以满足电力可靠供应需求。我国正在绿色低碳转型稳步推进，主要挑战在于降低转型中的不同能源的结构性"价格上涨"摩擦，统筹好化石能源"退"与清洁能源"进"的量、价平衡，长远助力经济稳步增长。欧洲前期转型步伐激进，经历一段转型阵痛期，目前欧洲有条不紊出台短、中、长期应对措施，迈出了强制能源库存储备、能源来源多元化、可再生能源转型加速的步伐。未来欧洲经济复苏的动力则主要来源于欧盟长期聚焦的绿色和数字经济转型。在传统制造业外部竞争压力加剧的背景下，通过绿色、数字技术的迭代，向工业应用终端赋能，成为培育欧洲未来制造业国际竞争力的关键。

5.5.3 我国能源电力保供稳价的研究建议

我国处于能源清洁低碳转型的关键时期，在价格水平、利益关系、交易机制方面，面临能源电力价格上涨压力。为实现"双碳"目标，我国大力推进可再生能源发展，传统能源使用成本、电源改造成本、电网建设成本和灵活性电源成本陡增，需要有合理的市场机制和价格水平予以支撑。随着我国电力市场不断发展，电能替代趋势大行，而燃料价格上涨条件下，用户电价也面临上涨。根据欧盟的历史经验，结合我国实际，建议公司向政府促请：

一是发挥中国特色社会主义市场经济体制的独特优势，推动有效市场和有为政府更好结合，维护能源电力市场运行平稳，实现成本有序疏导。欧洲各国采取的宏观调控措施对缓解能源危机发挥了重要作用。我国具有社会主义市场经济体制独特优势，要坚持有效市场和有为政府相结合，维护能源市场平稳有序，降低能源危机风险。要持续完善市场机制，加快推进电力市场建设，完善一次、二次能源市场联动机制，维护能源市场平稳运行。要推动政府部门在规划、监管、财税政策等方面发挥积极作用，推动能源规划与产业布局规划统筹谋划，实现能源行业与其他经济领域协同发展。要发挥能源央企在稳增长、促转型、调结构、保供应等方面的积极作用，优化能源央企考核机制，支持能源央企做强做优做大，保持能源产业可持续发展能力。

二是加强能源储备、完善能源市场、健全能源输送系统，有效发挥金融工具风险对冲作用，着力解决引发能源价格异常波动的深层问题。立足我国能源资源禀赋，提升能源供应自主可控能力，切实发挥煤炭的兜底保障作用，加大油气资源勘探开发和增储上产力度，推进可再生能源大规模开发、高比例消纳，加强国内能源基础设施互联互通；同时，加强煤炭储备，有序完善储备能力，根据不同地区的条件、需求及功能细化储备方案，保障煤炭市场稳定；加快建设全国统一电力市场，不断扩大市场范围、丰富交易品种、善用金融工具，降低交易成本、吸纳市场主体，加强电网投资，促进电力资源在更大范围内共享互济和优化配置。

三是深入推进能源革命，加快建设新型能源体系，促进源网荷储互动融合。传统能源与新能源缺乏协同是欧洲能源危机发生的原因之一。党的二十大作出了规划建设新型能源体系的新部署，涉及各种能源类型，覆盖能源产供销储各环节。电力系统作为新型能源体系的枢纽平台，将在其中发挥关键作用。要适应高比例新能源接入的现实需要，加快建设广泛连接、数智驱动、开放共享的数字电网，构建多能协同互补、源网荷储互动、多网融合互联的新型电力系统，以推动新型电力系统建设助力构建新型能源体系，实现煤、油、气、水、核、风、光等各种能源互动融合，电源侧、电网侧、需求侧、储能侧协调联动。

四是坚持先立后破，建立低碳转型长效机制，积极稳妥推进碳达峰碳中和。欧洲能源低碳转型过急过快，缺乏兜底意识是引发欧洲能源危机的原因之一。党的二十大报告指出，要"坚持先立后破，有计划分步骤实施碳达峰行动"。能源低碳转型难以一蹴而就，要在长期发展中注重平衡能源安全、绿色、经济三角关系，特别是统筹好能源结构低碳转型与能源安全保障的辩证关系。要深刻把握能源转型和高质量发展的要求，坚持先立后破，推动煤炭和新能源优化组合，科学规划传统电源与新能源规模配比。要深入推进能源革命，完善能源电力体制机制，推动资源更高效率地优化配置、更大范围地共享互济，形成有序推进新能源建设发展的长效机制，通过激励相容的机制设计引导新能源有序发展。

（本章撰写人：尤培培、卿琛、高效、刘思佳　审核人：张超）

附录 1 各国货币单位及汇率

国家（地区）	货币单位	2006 年	2007 年	2008 年	2009 年	2010 年	2011 年	2012 年	2013 年	2014 年	2015 年	2016 年	2017 年	2018 年	2019 年	2020 年
澳大利亚	澳元	1.328	1.195	1.198	1.282	1.090	0.969	0.966	1.036	1.109	1.331	1.345	1.305	1.338	1.439	1.453
奥地利	欧元	0.797	0.730	0.684	0.720	0.755	0.719	0.778	0.753	0.754	0.902	0.902	0.887	0.847	0.893	0.876
比利时	欧元	0.797	0.730	0.684	0.720	0.755	0.719	0.778	0.753	0.754	0.902	0.902	0.887	0.847	0.893	0.876
加拿大	加元	1.134	1.074	1.068	1.141	1.030	0.989	0.999	1.030	1.105	1.278	1.325	1.298	1.296	1.327	1.341
智利	比索	530.280	522.230	523.540	558.940	509.980	483.420	485.980	495.280	570.64	655.32	676.96	648.834	641.277	702.897	792.727
捷克	捷克克朗	22.590	20.290	17.080	19.050	19.080	17.672	19.538	19.560	20.758	25.593	25.441	23.376	21.73	22.932	23.210
丹麦	丹麦克朗	5.943	5.443	5.099	5.359	5.622	5.357	5.790	5.618	5.619	6.725	6.731	6.603	6.315	6.669	6.542
爱沙尼亚	欧元	0.797	0.731	0.684	0.720	0.755	0.719	0.778	0.753	0.754	0.902	0.904	0.887	0.847	0.893	0.876
芬兰	欧元	0.797	0.730	0.684	0.720	0.755	0.719	0.778	0.753	0.754	0.902	0.902	0.887	0.847	0.893	0.876
法国	欧元	0.797	0.730	0.684	0.720	0.755	0.719	0.778	0.753	0.754	0.902	0.902	0.887	0.847	0.893	0.876
德国	欧元	0.797	0.730	0.684	0.720	0.755	0.719	0.778	0.753	0.754	0.902	0.902	0.887	0.847	0.893	0.876
希腊	德拉马克	0.797	0.730	0.684	0.720	0.755	0.719	0.778	0.753	0.754	0.902	0.902	0.887	0.847	0.893	0.876

续表

国家（地区）	货币单位	2006年	2007年	2008年	2009年	2010年	2011年	2012年	2013年	2014年	2015年	2016年	2017年	2018年	2019年	2020年
匈牙利	福林	210.40	183.60	172.50	202.10	207.80	200.90	225.80	223.60	232.6	279.2	281.5	275.433	270.212	290.660	307.997
爱尔兰	欧元	0.797	0.730	0.684	0.720	0.755	0.719	0.778	0.753	0.754	0.902	0.902	0.887	0.847	0.893	0.876
以色列	谢克尔	5.457	5.109	3.585	3.927	3.731	3.574	3.850	3.609	3.577	3.887	3.841	3.600	3.591	3.565	3.442
意大利	欧元	0.797	0.730	0.684	0.720	0.755	0.719	0.778	0.753	0.754	0.902	0.902	0.887	0.847	0.893	0.876
日本	日元	116.299	117.754	103.359	93.570	87.780	79.807	79.790	97.596	105.945	121.044	108.793	112.166	110.423	109.010	106.775
韩国	韩元	955.79	929.26	1102.05	1276.93	1156.06	1108.29	1126.47	1095.85	1052.96	1131.16	1160.43	1130.43	1100.56	1165.499	1180.276
卢森堡	欧元	0.797	0.730	0.684	0.720	0.755	0.719	0.778	0.753	0.754	0.902	0.902	0.887	0.847	0.893	0.876
墨西哥	墨西哥比索	10.903	10.930	11.150	13.504	12.632	12.434	13.150	12.770	13.306	15.874	18.627	18.927	19.244	19.264	21.486
荷兰	欧元	0.797	0.730	0.684	0.720	0.755	0.719	0.778	0.753	0.754	0.902	0.902	0.887	0.847	0.893	0.876
新西兰	新西兰元	1.542	1.361	1.425	1.600	1.388	1.267	1.235	1.220	1.206	1.434	1.437	1.407	1.445	1.518	1.542
挪威	挪威克朗	6.415	5.858	5.648	6.290	6.045	5.605	5.815	5.877	6.302	8.064	8.400	8.272	8.133	8.800	9.419
波兰	兹罗提	3.103	2.765	2.410	3.119	3.015	2.962	3.252	3.160	3.154	3.77	3.944	3.779	3.612	3.839	3.900
葡萄牙	欧元	0.797	0.730	0.684	0.720	0.755	0.719	0.778	0.753	0.754	0.902	0.902	0.887	0.847	0.893	0.876
斯洛伐克	斯洛伐克克朗	0.984	0.819	0.709	0.720	0.755	0.719	0.778	0.753	0.754	0.902	0.904	0.887	0.847	0.893	0.876
斯洛文尼亚	欧元	0.797	0.731	0.684	0.720	0.755	0.719	0.778	0.753	0.754	0.902	0.904	0.887	0.847	0.893	0.876

续表

国家（地区）	货币单位	2006 年	2007 年	2008 年	2009 年	2010 年	2011 年	2012 年	2013 年	2014 年	2015 年	2016 年	2017 年	2018 年	2019 年	2020 年
西班牙	欧元	0.797	0.730	0.684	0.720	0.755	0.719	0.778	0.753	0.754	0.902	0.902	0.887	0.847	0.893	0.876
瑞典	瑞典克朗	7.373	6.758	6.597	7.653	7.202	6.489	6.769	6.513	6.860	8.429	8.556	8.549	8.693	9.458	9.210
瑞士	瑞士法郎	1.253	1.200	1.084	1.086	1.043	0.887	0.938	0.927	0.915	0.962	0.985	0.985	0.978	0.994	0.939
土耳其	土耳其镑	1.430	1.300	1.299	1.547	1.499	1.672	1.792	1.905	2.189	2.723	3.022	3.648	5.828	5.674	7.009
英国	英镑	0.543	0.500	0.546	0.641	0.648	0.624	0.631	0.640	0.607	0.655	0.741	0.777	0.750	0.783	0.780
南非	兰特	6.770	7.050	8.260	8.470	7.458	6.780	8.200	9.648	10.847 5	12.759	15.710	13.334	13.234	15.448	16.473
中国	人民币元	7.973	7.610	6.950	6.830	6.807	6.465	6.313	6.193	6.143	6.227	6.644	6.759	6.616	6.908	6.901
美国	美元	1	1	1	1	1	1	1	1	1	1	1	1	1	1	1

附录 2　计量单位中英文对照表

英文单位	中文单位
t	吨
L	升
m^3	立方米
MMBtu	百万英热单位
mcf	千立方英尺
kcal	千卡
kW	千瓦
kW•h	千瓦时
kvar	千乏

附录 3　历年能源价格表

1. 天然气价格

附表 3-1　2008—2022年部分国家工业用天然气价格

美元/（MW·h）

国家（地区）	2008年	2009年	2010年	2011年	2012年	2013年	2014年	2015年	2016年	2017年	2018年	2019年	2020年	2021年	2022年
奥地利	.	.	.	.	47.9	48.8	45.9	42.0	38.4	33.9	37.6	31.5	29.3	47.2	92.1
比利时	54.9	44.9	40.2	48.6	46.9	50.3	39.5	32.5	27.1	27.5	31.6	26.3	22.6	41.9	78.6
加拿大	30.3	14.8	13.8	15.4	11.9	13.7	16.0	10.2	11.5	12.6	11.2	10.0	9.9	12.7	15.2
捷克	52.8	45.4	45.6	50.8	48.8	47.3	42.8	33.7	30.3	29.6	32.3	32.7	29.1	36.4	78.2
丹麦	46.9	36.3	45.4	55.4	51.0	55.8	46.8	37.0	30.1	34.9	41.8	33.0	29.1	66.3	129.5
爱沙尼亚	38.7	33.7	36.5	39.6	45.6	47.2	47.4	33.6	26.0	30.7	36.9	35.4	27.3	35.4	80.1
芬兰	38.4	34.3	36.3	52.9	53.9	55.6	53.5	41.3	39.5	46.1	53.7	50.1	.	74.7	148.0
法国	52.5	48.4	45.5	51.7	52.4	55.1	52.4	42.1	36.4	38.5	43.3	40.7	37.5	50.8	73.3
德国	57.2	47.8	45.1	50.3	44.6	49.9	44.6	34.1	29.3	27.8	30.8	29.0	26.4	38.4	66.2
希腊	55.4	37.9	44.5	56.0	66.8	61.0	56.5	36.9	28.6	26.4	36.1	37.4	28.2	49.3	111.6
匈牙利	64.7	52.6	36.8	43.6	47.9	45.6	51.2	34.2	28.3	26.1	31.5	29.3	23.0	41.1	100.9
爱尔兰	53.0	41.6	37.1	43.9	45.6	51.7	48.6	35.9	34.2	36.2	41.8	40.4	43.4	49.3	73.8
意大利	55.6	48.0	41.5	49.2	54.7	56.4	50.9	41.8	36.6	34.5	39.4	38.0	33.2	46.2	103.9

续表

国家（地区）	2008年	2009年	2010年	2011年	2012年	2013年	2014年	2015年	2016年	2017年	2018年	2019年	2020年	2021年	2022年
日本	·	46.3	52.0	67.1	73.3	68.6	66.9	44.3	35.3	39.2	46.0	46.7	40.6	49.3	67.0
韩国	46.7	44.3	48.2	59.0	61.5	66.3	72.3	49.7	40.9	43.7	43.2	43.1	39.8	46.5	72.5
卢森堡	31.5	40.0	42.1	50.1	49.6	53.5	44.8	42.4	30.9	28.9	33.1	26.7	23.7	47.7	99.2
荷兰	46.0	42.4	34.4	38.5	38.6	41.8	41.0	31.7	27.3	27.2	30.3	26.3	25.9	41.9	72.5
新西兰	21.0	20.6	20.8	21.6	22.8	23.7	22.2	17.7	15.3	17.9	18.4	16.1	16.7	22.5	26.9
波兰	45.7	37.2	39.1	42.5	44.0	42.3	43.8	31.8	23.6	25.3	30.1	25.5	20.6	42.4	100.8
葡萄牙	47.1	42.6	40.3	50.0	52.7	55.7	57.8	44.1	34.1	31.0	33.5	35.9	29.9	34.5	88.2
斯洛伐克	53.5	44.4	46.0	50.2	52.5	49.3	44.2	36.3	33.8	32.5	34.4	30.5	30.3	39.3	78.1
斯洛文尼亚	56.4	49.1	51.6	58.3	64.4	57.9	51.7	38.0	32.1	31.2	35.2	34.6	31.5	42.9	69.4
西班牙	41.8	37.3	33.6	37.7	44.0	45.8	44.4	33.2	26.4	26.9	30.2	30.7	25.9	34.3	96.4
瑞典	65.9	49.0	56.0	67.7	63.3	63.8	54.9	44.4	38.5	40.8	50.1	36.2	38.1	73.7	165.0
瑞士	64.1	60.6	56.9	72.5	71.7	72.2	73.6	65.8	61.9	60.7	65.7	66.7	64.9	66.4	103.3
土耳其	49.3	40.2	35.0	33.8	41.2	43.6	38.7	32.6	28.6	22.0	23.7	28.7	23.6	26.1	87.8
英国	38.4	30.4	28.3	35.5	38.5	41.9	40.1	33.3	24.9	25.2	30.4	27.6	25.5	38.5	58.2
美国	31.9	17.6	17.8	16.9	12.8	15.3	18.3	12.9	11.6	13.5	13.9	12.9	10.9	18.2	26.1
中国	33.5	35.8	37.6	41.0	42.3	44.2	48.5	51.9	47.1	46.2	48.5	50.6	48.9	51.5	55.7

来源：《World Energy Prices, 2nd Quarter 2022》，IEA。

附表 3 - 2

2008—2022 年部分国家居民用天然气价格

美元/（MW·h）

国家（地区）	2008年	2009年	2010年	2011年	2012年	2013年	2014年	2015年	2016年	2017年	2018年	2019年	2020年	2021年	2022年
奥地利	88.1	89.6	79.8	92.3	94.3	99.2	96.9	78.6	74.6	78.5	82.6	76.9	76.8	80.4	109.1
比利时	96.5	78.3	75.4	95.6	92.3	89.0	87.9	69.4	60.7	61.4	69.2	64.0	57.4	68.6	122.1
加拿大	43.4	34.2	37.0	37.1	34.4	33.8	35.1	26.8	25.8	26.7	26.0	26.0	24.9	30.0	35.9
捷克	73.0	70.1	68.6	82.9	87.6	84.0	77.0	67.0	64.2	65.4	69.9	69.0	68.1	69.9	156.9
丹麦	141.7	114.9	127.1	143.1	124.4	130.8	118.5	86.9	80.7	94.7	105.8	90.7	85.5	126.7	189.6
爱沙尼亚	52.1	52.7	51.5	60.2	65.8	66.3	64.2	46.0	36.0	46.3	48.7	50.6	48.9	66.3	105.1
法国	82.2	81.0	74.2	87.0	87.6	95.7	100.7	83.1	77.0	79.7	89.9	91.8	88.1	91.6	101.1
德国	103.8	97.0	84.3	92.6	90.3	94.6	94.7	78.4	75.9	74.8	77.1	76.0	77.7	84.4	123.1
希腊	104.4	89.6	93.3	108.0	138.1	151.5	139.8	112.7	68.8	70.8	70.7	65.3	58.8	88.7	130.2
匈牙利	64.4	61.6	55.5	63.6	60.4	57.5	49.0	39.9	39.1	40.8	41.6	38.7	35.7	36.2	32.7
爱尔兰	88.9	87.5	73.9	80.6	86.8	97.0	100.8	80.5	79.8	78.3	88.0	85.0	85.9	87.7	122.7
意大利	99.1	91.1	94.2	106.8	107.0	116.6	114.2	91.7	86.6	86.5	93.3	93.6	91.4	106.8	131.7
日本	.	135.4	142.1	165.6	169.6	146.1	143.1	113.7	108.6	107.4	117.4	117.0	109.8	117.1	129.4
韩国	55.9	52.0	57.8	69.5	72.6	78.9	86.0	63.6	55.0	58.2	57.9	56.7	55.1	53.0	52.4
卢森堡	73.8	61.3	57.8	74.0	74.6	78.9	69.2	53.8	47.9	45.7	50.7	47.9	43.8	58.4	122.7
荷兰	106.6	100.0	86.1	96.8	98.7	103.7	102.6	82.1	83.2	85.2	95.0	103.8	108.5	128.1	324.7
新西兰	100.2	73.2	86.1	103.7	107.7	111.7	109.9	92.6	96.4	91.1	99.4	95.2	92.0	101.9	104.5
波兰	80.3	68.9	66.5	72.7	70.6	68.1	72.6	59.6	50.3	50.7	53.5	51.8	49.0	50.0	59.1
葡萄牙	91.7	83.3	81.0	93.8	102.3	117.5	137.9	108.6	95.5	88.6	91.0	85.7	89.4	90.7	103.3
斯洛伐克	67.5	67.1	60.5	68.9	68.4	70.6	70.8	58.0	52.2	50.8	56.0	54.5	60.7	56.7	61.9

续表

国家（地区）	2008年	2009年	2010年	2011年	2012年	2013年	2014年	2015年	2016年	2017年	2018年	2019年	2020年	2021年	2022年
斯洛文尼亚	91.2	86.8	82.8	98.8	98.5	91.4	88.6	69.6	64.3	60.7	65.3	63.5	64.6	66.0	84.7
西班牙	88.3	79.6	73.9	89.2	101.9	111.7	118.9	98.3	88.7	93.7	96.6	100.7	98.9	107.1	132.9
瑞典	141.9	125.8	136.7	163.5	156.9	162.8	154.0	127.9	125.7	131.8	140.2	131.6	116.8	182.8	261.4
瑞士	94.0	88.3	87.3	107.4	106.8	108.4	112.6	100.5	97.7	94.9	100.7	103.0	102.5	108.0	156.3
土耳其	56.7	48.9	45.3	42.3	50.2	52.7	47.5	40.8	37.2	30.0	25.6	26.5	26.1	22.8	25.1
英国	61.5	59.1	56.6	67.4	72.2	75.6	84.3	73.7	59.6	55.5	59.5	58.3	53.6	57.6	105.9
美国	45.9	40.0	37.0	36.4	35.3	34.0	36.1	34.2	33.2	35.9	34.6	34.5	35.8	40.5	48.9
中国	30.1	31.0	32.5	33.6	34.8	36.2	35.4	35.6	35.8	35.7	36.4	46.4	45.4	48.9	46.7

资料来源：《World Energy Prices, 2nd Quarter 2022》, IEA。

附表 3 - 3　　2012—2021 年俄罗斯出口天然气价格　　　　　美元/（10^3 m^3）

日期	价格	日期	价格	日期	价格
2012年1月	352.7	2012年9月	357.0	2013年5月	350.3
2012年2月	359.4	2012年10月	355.0	2013年6月	345.7
2012年3月	340.9	2012年11月	353.0	2013年7月	344.0
2012年4月	352.8	2012年12月	359.1	2013年8月	342.7
2012年5月	369.7	2013年1月	353.4	2013年9月	324.1
2012年6月	348.4	2013年2月	340.6	2013年10月	331.7
2012年7月	346.7	2013年3月	341.1	2013年11月	344.7
2012年8月	349.4	2013年4月	337.1	2013年12月	347.7

日期	价格	日期	价格
2014年1月	335.7	2014年9月	294.4
2014年2月	332.8	2014年10月	291.0
2014年3月	327.7	2014年11月	290.5
2014年4月	357.4	2014年12月	291.2
2014年5月	348.1	2015年1月	276.3
2014年6月	327.3	2015年2月	260.6
2014年7月	294.2	2015年3月	258.2
2014年8月	291.8	2015年4月	228.8

续表

日期	价格	日期	价格	日期	价格	日期	价格	日期	价格
2015 年 5 月	228.4	2016 年 9 月	146.2	2018 年 1 月	198.4	2019 年 5 月	184.2	2020 年 9 月	122.9
2015 年 6 月	229.4	2016 年 10 月	154.5	2018 年 2 月	204.2	2019 年 6 月	171.5	2020 年 10 月	145.6
2015 年 7 月	222.8	2016 年 11 月	165.3	2018 年 3 月	212.6	2019 年 7 月	162.7	2020 年 11 月	155.4
2015 年 8 月	222.0	2016 年 12 月	163.3	2018 年 4 月	206.2	2019 年 8 月	162.0	2020 年 12 月	157.0
2015 年 9 月	225.0	2017 年 1 月	167.3	2018 年 5 月	210.8	2019 年 9 月	163.4	2021 年 1 月	169.2
2015 年 10 月	204.8	2017 年 2 月	172.8	2018 年 6 月	212.8	2019 年 10 月	159.7	2021 年 2 月	172.9
2015 年 11 月	193.3	2017 年 3 月	171.1	2018 年 7 月	220.4	2019 年 11 月	178.9	2021 年 3 月	170.6
2015 年 12 月	189.4	2017 年 4 月	173.6	2018 年 8 月	222.2	2019 年 12 月	185.9	2021 年 4 月	185.9
2016 年 1 月	173.4	2017 年 5 月	174.9	2018 年 9 月	233.4	2020 年 1 月	164.6	2021 年 5 月	199.6
2016 年 2 月	161.0	2017 年 6 月	176.8	2018 年 10 月	260.8	2020 年 2 月	142.9	2021 年 6 月	226.2
2016 年 3 月	163.6	2017 年 7 月	175.8	2018 年 11 月	251.2	2020 年 3 月	125.1	2021 年 7 月	244.4
2016 年 4 月	150.2	2017 年 8 月	179.0	2018 年 12 月	246.9	2020 年 4 月	109.0	2021 年 8 月	282.8
2016 年 5 月	144.4	2017 年 9 月	186.5	2019 年 1 月	243.5	2020 年 5 月	94.2	2021 年 9 月	307.3
2016 年 6 月	148.8	2017 年 10 月	192.1	2019 年 2 月	233.5	2020 年 6 月	81.8	2021 年 10 月	444.7
2016 年 7 月	150.4	2017 年 11 月	194.0	2019 年 3 月	201.6	2020 年 7 月	86.4	2021 年 11 月	502.7
2016 年 8 月	152.2	2017 年 12 月	201.6	2019 年 4 月	195.1	2020 年 8 月	92.7	2021 年 12 月	518.1

资料来源：Wind 数据库。

附表 3 - 4

2018—2022 年日本进口 LNG 价格

美元/MMBtu

日期	价格	日期	价格	日期	价格	日期	价格	日期	价格
2018年1月	9.34	2019年1月	12.01	2020年1月	9.89	2021年1月	9.00	2022年1月	14.69
2018年2月	9.83	2019年2月	11.81	2020年2月	9.89	2021年2月	9.88	2022年2月	17.00
2018年3月	10.11	2019年3月	11.29	2020年3月	10.21	2021年3月	7.90	2022年3月	15.11
2018年4月	10.09	2019年4月	10.27	2020年4月	10.01	2021年4月	8.28	2022年4月	16.29
2018年5月	10.25	2019年5月	10.15	2020年5月	10.08	2021年5月	8.92	2022年5月	16.68
2018年6月	10.44	2019年6月	10.04	2020年6月	8.97	2021年6月	9.62	2022年6月	15.53
2018年7月	10.44	2019年7月	10.13	2020年7月	7.79	2021年7月	10.36	2022年7月	18.88
2018年8月	10.88	2019年8月	10.86	2020年8月	6.34	2021年8月	10.80	2022年8月	21.21
2018年9月	11.30	2019年9月	10.14	2020年9月	5.88	2021年9月	11.44	2022年9月	23.73
2018年10月	11.66	2019年10月	9.98	2020年10月	6.18	2021年10月	12.38	2022年10月	21.84
2018年11月	11.70	2019年11月	10.04	2020年11月	6.86	2021年11月	15.25	2022年11月	19.59
2018年12月	12.00	2019年12月	10.06	2020年12月	7.66	2021年12月	15.32	2022年12月	20.58

资料来源: https://ycharts.com/indicators/japan_liquefied_natural_gas_import_price。

附表 3 - 5

2012—2022 年美国进口天然气价格

美元/mcf

日期	天然气	进口管道天然气	进口LNG	日期	天然气	进口管道天然气	进口LNG
2017年1月	3.75	5.56	3.41	2017年5月	2.70	3.86	2.59
2017年2月	3.14	6.39	2.81	2017年6月	2.62	3.58	2.51
2017年3月	2.68	4.35	2.57	2017年7月	2.40	3.44	2.31
2017年4月	2.64	3.74	2.53	2017年8月	2.38	3.34	2.24
				2017年9月	2.12	4.08	2.05
				2017年10月	2.05	4.41	1.98
				2017年11月	2.52	3.59	2.40
				2017年12月	3.26	5.55	2.94

续表

日期	天然气	进口管道天然气	进口LNG	日期	天然气	进口管道天然气	进口LNG	日期	天然气	进口管道天然气	进口LNG
2018年1月	4.41	3.79	7.51	2019年9月	1.65	1.65	—	2021年5月	2.7	2.66	7.55
2018年2月	3.02	2.75	5.95	2019年10月	2.15	1.96	4.65	2021年6月	2.83	2.83	W
2018年3月	2.45	2.16	7.07	2019年11月	2.80	2.66	7.12	2021年7月	3.41	3.37	8.41
2018年4月	2.20	2.11	4.57	2019年12月	4.30	3.55	6.17	2021年8月	3.52	3.52	W
2018年5月	1.73	1.64	4.61	2020年1月	2.91	2.43	6.03	2021年9月	4.07	4.04	9.3
2018年6月	1.87	1.77	4.62	2020年2月	2.16	1.94	5.67	2021年10月	4.79	4.79	W
2018年7月	2.16	2.04	3.72	2020年3月	1.71	1.62	4.34	2021年11月	5.18	4.97	34.77
2018年8月	2.22	2.1	3.72	2020年4月	1.51	1.49	W	2021年12月	4.74	4.57	30.21
2018年9月	2.09	1.97	5.02	2020年5月	1.68	1.58	4.26	2022年1月	6.94	6.23	38.7
2018年10月	2.61	2.34	5.90	2020年6月	1.57	1.53	1.61	2022年2月	5.67	5.25	29.3
2018年11月	4.10	3.87	10.7	2020年7月	1.73	1.58	4.59	2022年3月	4.70	4.44	30.24
2018年12月	4.89	4.14	8.64	2020年8月	1.9	1.89	1.52	2022年4月	5.49	5.49	7.36
2019年1月	4.30	3.55	9.36	2020年9月	2.02	1.99	3.4	2022年5月	6.72	6.7	11.52
2019年2月	4.06	3.60	8.97	2020年10月	2.17	2.17	W	2022年6月	7.03	7.03	9.16
2019年3月	3.79	3.63	7.7	2020年11月	2.79	2.64	6.93	2022年7月	6.00	5.93	11.8
2019年4月	2.14	1.97	7.32	2020年12月	2.89	2.72	5.54	2022年8月	6.62	6.51	14.89
2019年5月	1.81	1.81	W	2021年1月	2.86	2.75	7.62	2022年9月	6.00	6.00	8.61
2019年6月	1.54	1.54	8.44	2021年2月	5.63	5.55	9.44	2022年10月	4.67	4.67	8.51
2019年7月	1.86	1.72	6.73	2021年3月	2.66	2.63	8.36	2022年11月	5.80	5.61	39.01
2019年8月	1.73	1.63	4.57	2021年4月	2.44	2.44	W	2022年12月	9.75	9.46	37.25

资料来源：https：//www.eia.gov/EIA。

149

2. 煤炭价格

附表 3-6　　秦皇岛港动力煤年度现货平仓价数据

元/t

项目	2007年	2008年	2009年	2010年	2011年	2012年	2013年	2014年
山西优混（Q5500K）	466.5	747.7	598.2	746.5	819.0	700.9	588.9	521.0
山西大混（Q5000K）	420.7	658.5	522.0	648.5	719.7	606.4	512.3	455.2
普通混煤（Q4500K）	373.3	576.1	449.9	575.8	625.0	509.1	427.4	405.8

项目	2015年	2016年	2017年	2018年	2019年	2020年	2021年	2022年
山西优混（Q5500K）	425.8	460.3	586.4	570.3	573.4	549.7	673.9	1037.1
山西大混（Q5000K）	370.2	416.0	538.8	537.0	510.6	496.2	620.0	1036.4
普通混煤（Q4500K）	337.5	373.0	480.1	475.0	457.1	445.4	555.6	1035.7

资料来源：中国煤炭市场网。

附表 3-7　　国外动力煤年度现货价数据

美元/t

项目	2010年	2011年	2012年	2013年	2014年	2015年	2016年	2017年	2018年	2019年	2020年	2021年	2022年
欧洲 ARA 港动力煤	92.32	121.87	95.47	82.8	75.54	76.78	60.43	85.81	92.13	60.22	50.34	120.33	293.6
理查德 RB 动力煤	91.82	116.28	95.55	81.79	72.28	57.06	65.53	85.2	98.49	71.52	66.57	126.49	212.8
纽卡斯尔 NEWC 动力煤	99.21	121.24	101.02	85.42	70.79	58.94	66.09	88.58	107.28	77.74	60.36	138.9	176.9

资料来源：中国煤炭市场网。

附表 3-8　　国外工业用煤炭价格数据

美元/t

国家（地区）	2007年	2008年	2009年	2010年	2011年	2012年	2013年	2014年	2015年	2016年	2017年	2018年	2019年	2020年	2021年	2022年
奥地利	199.9	245.6	239.8	205.5	242.8	247.9	223.7	205.8	166	206.9	172.6	267.9	210.9	245.3	271.4	375.8
芬兰	145	216.8	167.2	168.6	315.1	280.8	271.1	270.5	245.9	269.8	316.4	346.6	311.3	302.6	396.9	533.4

续表

国家 (地区)	2007年	2008年	2009年	2010年	2011年	2012年	2013年	2014年	2015年	2016年	2017年	2018年	2019年	2020年	2021年	2022年
日本	75.3	127.1	115.9	115.1	146.6	143.4	120.2	107.2	89.4	85.1	111.6	130.8	121.2	93.4	142	331.0
波兰	78.1	105.3	95.4	96.4	109.5	109.4	100.4	92.6	70.1	60	75.8	92.3	83.5	85.9	86.8	190.6
瑞士	125	216.4	137.9	155.4	200.6	152.5	123.5	112.3	98.7	90.9	96.6	117.1	96.6	86.3	157.5	351.1
土耳其	69.8	92.6	85.4	83.7	86.4	98	105.9	90.7	80.8	78	70.2	77.3	75	67.1	65.2	83.8
英国	101.7	117.1	99.6	117.4	149.5	148.6	158.4	166.1	133.3	100.5	106.8	130.3	121.4	115.8	129.3	225.8
美国	60	70	71.5	70.5	71.8	81.4	79.4	80.1	75.2	71.6	70.3	69.8	67.7	61	63.9	77.0

资料来源：《Energy Prices and Taxes，2023》，IEA。

附表 3 - 9　国内外发电用煤炭价格数据

美元/t

国家 (地区)	2007年	2008年	2009年	2010年	2011年	2012年	2013年	2014年	2015年	2016年	2017年	2018年	2019年	2020年	2021年	2022年
奥地利	96.2	122.1	133.5	109.1	127.9	129.1	137.8	112.6	98.5	97.1	97.4	125.9	131.1	133.9	151.8	269.4
智利	69.9	116.7	95.4	83.6	106.9	96.3	89.8	83.1	72	65.6	88.5	98.1	75.9	60.3	111.5	265.5
芬兰	83.7	142.9	97.1	101.7	137	116.1	95.9	95.4	75.6	72.3	101.1	106	85.5	72.7	136.2	301.3
德国	90.3	152.6	110.1	117.8	153.2	126.5	108.9	100.6	82.8	79.5	120.2	132	112.3	86.4	143.6	330.6
波兰	57.7	79.2	80.4	78.5	85.9	83.1	77.7	75.2	59.4	51.3	53.4	66.7	69.2	65.9	65.9	138.8
土耳其	27.8	32.4	32.1	36.4	37.4	38.8	45.6	43.5	31.9	28.5	26.2	21.8	23.7	20.9	18.1	17.8
英国	82.4	120.2	85.9	96.2	128.5	105.1	96.2	93.4	75.4	73.3	95.2	102.6	77.6	79.5	183.2	326.3
美国	40.5	47.4	50.5	51.8	55.7	55.5	53.6	55.1	50.9	48.3	47.1	47.1	46.2	44	45.3	55.3

资料来源：《Energy Prices and Taxes，2023》，IEA。

151

3. 电力价格

附表 3 - 10　上　网　电　价

本币元/（kW•h）

国家（地区）	地区（公司）	2008 年	2009 年	2010 年	2011 年	2012 年	2013 年	2014 年	2015 年
北欧电力市场现货价格									
瑞典		0.045	0.035	0.053	0.047	0.031	0.038	0.030	0.021
芬兰		0.051	0.037	0.057	—	0.033	0.039	0.032	0.022
丹麦	西部地区	0.051	0.037	0.057	0.049	0.037	0.041	0.036	0.030
	东部地区	0.056	0.036	0.046	0.048	0.036	0.039	0.031	0.023
挪威	奥斯陆	0.039	0.03	0.054	0.046	0.030	0.04	0.027	0.024
	卑尔根	0.039	0.03	0.052	0.046	0.029	0.038	0.027	0.020
	莫尔德	0.051	0.036	0.058	0.047	0.031	0.038	0.032	0.020
	特隆赫姆	0.051	0.036	0.058	0.047	0.031	0.039	0.032	0.021
	特罗姆瑟	0.050	0.036	0.057	0.047	0.031	0.039	0.031	0.021
澳大利亚	新南威尔士	0.039	0.044	0.037	0.030	0.055	0.055	0.052	0.035
	昆士兰	0.034	0.033	0.031	0.029	0.067	0.067	0.058	0.053
	南澳	0.051	0.055	0.033	0.030	0.070	0.070	0.062	0.039
	塔斯马尼亚	0.058	0.029	0.029	0.033	0.048	0.048	0.042	0.037
	维多利亚	0.042	0.036	0.027	0.027	0.057	0.057	0.051	0.030
	澳大利亚整体	0.040	0.040	0.031	0.030	0.060	0.060	0.053	0.039
美国		0.090	0.081	0.077	0.072	0.065	0.065	0.072	0.065
中国		0.365	0.382	0.385	0.397	0.419	0.427	0.419	0.401
韩国		71.91	68.58	75.83	82.54	93.75	91.60	93.70	85.92

续表

国家（地区）	地区（公司）	2016年	2017年	2018年	2019年	2020年	2021年	2022年
北欧电力市场现货价格	瑞典	0.027	0.029	0.044	0.039	0.011	0.062	0.136
	芬兰	0.029	0.031	0.454	0.402	0.151	0.587	1.071
		0.032	0.033	0.047	0.044	0.028	0.072	0.154
	丹麦 西部地区	0.024	0.030	0.328	0.287	0.187	0.655	1.632
	丹麦 东部地区	0.029	0.032	0.344	0.298	0.212	0.654	1.566
	挪威 奥斯陆	0.026	0.029	0.419	0.387	0.100	0.759	1.949
	挪威 卑尔根	0.025	0.029	0.413	0.387	0.099	0.758	1.944
	挪威 莫尔德	0.029	0.030	0.423	0.380	0.102	0.417	0.425
	挪威 特隆赫姆	0.029	0.030	0.423	0.380	0.102	0.417	0.425
	挪威 特罗姆瑟	0.029	0.026	0.420	0.378	0.095	0.356	0.248
澳大利亚	新南威尔士	0.052	0.081	0.082	0.089	0.072	0.065	0.147
	昆士兰	0.060	0.093	0.073	0.080	0.053	0.062	0.184
	南澳	0.062	0.109	0.098	0.110	0.062	0.045	0.119
	塔斯马尼亚	0.103	0.075	0.087	0.090	0.055	0.044	0.101
	维多利亚	0.046	0.067	0.092	0.110	0.074	0.046	0.100
	澳大利亚整体	0.064	0.085	0.087	0.096	0.063	0.052	0.077
美国		0.065	0.063	0.064	0.061	0.058	0.062	0.075
中国		0.371	0.376	0.381	0.358	0.348	0.381	0.413
韩国		83.02	87.32	95.67	95.3	85.9	96.1	155.5

153

附表 3-11　输　配　电　价

本币元/(kW·h)

国家	2006年	2007年	2008年	2009年	2010年	2011年	2012年	2013年	2014年
美国	0.032	0.030	0.031	0.034	0.035	0.034	0.036	0.037	0.037
中国	0.136	0.145	0.132	0.125	0.147	0.160	0.172	0.193	0.208

国家	2015年	2016年	2017年	2018年	2019年	2020年	2021年	2022年
美国	0.039	0.040	0.043	0.042	0.043	0.046	0.039	0.047
中国	0.218	0.219	0.216	0.205	0.204	0.186	0.179	0.198

附表 3-12　平　均　销　售　电　价

本币元/(kW·h)

国家	2006年	2007年	2008年	2009年	2010年	2011年	2012年	2013年	2014年
美国	0.089	0.091	0.097	0.098	0.098	0.099	0.098	0.101	0.104
中国	0.497	0.508	0.523	0.531	0.571	0.583	0.617	0.671	0.686

国家	2015年	2016年	2017年	2018年	2019年	2020年	2021年	2022年
美国	0.104	0.103	0.105	0.105	0.105	0.107	0.111	0.124
中国	0.683	0.661	0.646	0.629	0.616	0.585	0.567	0.652

附表 3-13　工　业　电　价

美元/(kW·h)

国家（地区）	2006年	2007年	2008年	2009年	2010年	2011年	2012年	2013年	2014年
奥地利	0.109	0.134	0.154	—	—	—	0.138	0.141	0.135
比利时	—	—	0.139	0.139	0.125	0.138	0.127	0.152	0.151
加拿大	0.060	0.065	0.071	0.061	0.073	0.081	0.088	0.097	0.080
智利	0.090	0.114	0.171	0.158	0.152	0.154	0.127	0.118	0.104
捷克	0.094	0.115	0.151	0.148	0.144	0.160	0.145	0.149	0.123

续表

国家（地区）	2006 年	2007 年	2008 年	2009 年	2010 年	2011 年	2012 年	2013 年	2014 年
丹麦	0.097	0.101	0.130	0.111	0.114	0.118	0.111	0.128	0.121
爱沙尼亚	—	—	0.080	0.084	0.093	0.101	0.101	0.125	0.118
芬兰	—	0.081	0.097	0.097	0.095	0.114	0.104	0.095	0.093
法国	0.051	0.092	0.105	0.107	0.107	0.122	0.116	0.129	0.132
德国	0.094	0.109	0.129	0.140	0.136	0.157	0.149	0.169	0.175
希腊	—	—	0.112	0.114	0.114	0.126	0.134	0.142	0.143
匈牙利	0.105	0.134	0.170	0.160	0.133	0.137	0.132	0.133	0.123
爱尔兰	0.122	0.149	0.186	0.169	0.137	0.152	0.155	0.173	0.166
意大利	0.210	0.237	0.290	0.276	0.258	0.279	0.292	0.238	0.236
日本	0.117	0.116	0.139	0.158	0.154	0.179	0.194	0.183	0.188
韩国	0.065	0.070	0.060	0.058	0.066	0.074	0.077	0.095	0.105
卢森堡	—	—	0.123	0.136	0.116	0.118	0.112	0.107	0.099
墨西哥	0.099	0.102	0.126	0.086	0.104	0.115	0.115	0.122	0.121
荷兰	—	0.121	0.133	0.139	0.116	0.118	0.110	0.113	0.118
新西兰	0.060	0.068	0.071	0.065	0.072	0.085	0.084	0.094	0.100
挪威	0.055	0.048	0.064	0.059	0.074	0.071	0.058	0.069	0.055
波兰	0.073	0.083	0.119	0.120	0.120	0.122	0.115	0.109	0.100
葡萄牙	0.110	0.129	0.131	0.127	0.120	0.139	0.147	0.152	0.156
斯洛伐克	0.098	0.137	0.174	0.195	0.169	0.178	0.170	0.181	0.159
斯洛文尼亚	—	—	0.130	0.134	0.121	0.126	0.118	0.126	0.115

续表

国家（地区）	2006 年	2007 年	2008 年	2009 年	2010 年	2011 年	2012 年	2013 年	2014 年
西班牙	0.091	0.090	0.125	0.103	0.132	0.149	—	0.143	0.155
瑞典	—	0.076	0.095	0.083	0.096	0.104	0.089	0.090	0.082
瑞士	0.080	0.084	0.094	0.094	0.112	0.132	0.130	0.133	0.129
土耳其	0.100	0.109	0.139	0.138	0.151	0.138	0.148	0.147	0.131
英国	0.117	0.130	0.146	0.134	0.121	0.130	0.134	0.139	0.154
美国	0.062	0.064	0.068	0.068	0.068	0.068	0.067	0.068	0.071
中国	0.065	0.069	0.077	0.081	0.091	0.097	0.106	0.114	0.115
南非	0.022	0.023	0.021	0.026	0.036	0.051	0.051	0.047	0.048

国家（地区）	2015 年	2016 年	2017 年	2018 年	2019 年	2020 年	2021 年	2022 年
奥地利	0.109	0.106	0.103	0.110	0.110	0.119	0.141	0.198
比利时	0.125	0.131	0.136	0.137	0.135	0.138	0.159	0.225
加拿大	0.064	0.079	0.084	0.084	0.090	0.090	0.093	0.094
智利	0.115	0.125	0.140	0.159	0.160	0.164	0.172	0.153
捷克	0.098	0.089	0.089	0.096	0.104	0.111	0.123	0.204
丹麦	0.096	0.098	0.092	0.093	0.080	0.077	0.128	0.189
爱沙尼亚	0.098	0.095	0.094	0.103	0.100	0.094	0.141	0.209
芬兰	0.075	0.073	0.073	0.079	0.075	0.078	0.084	0.114
法国	0.114	0.106	0.111	0.116	0.118	0.125	0.136	0.137
德国	0.145	0.141	0.143	0.145	0.150	0.174	0.186	0.204
希腊	0.105	0.099	0.107	0.104	0.097	—	0.162	0.223
匈牙利	0.100	0.090	0.089	0.094	0.088	0.078	0.094	0.201

续表

国家（地区）	2015 年	2016 年	2017 年	2018 年	2019 年	2020 年	2021 年	2022 年
爱尔兰	0.132	0.118	0.124	0.129	0.129	0.127	0.173	0.258
意大利	0.188	0.185	0.177	0.161	0.185	—	0.124	0.315
日本	0.150	0.151	0.150	0.161	0.164	0.162	0.147	0.178
韩国	0.098	0.096	0.099	0.084	0.095	0.094	0.096	0.095
卢森堡	0.072	0.069	0.077	0.089	0.082	0.085	0.111	0.170
墨西哥	0.082	0.070	0.089	0.089	—	—	—	0.180
荷兰	0.089	0.085	0.086	0.110	0.097	0.112	0.138	0.201
新西兰	0.080	0.075	0.087	0.099	0.091	0.099	0.119	0.102
挪威	0.035	0.042	0.046	0.068	0.060	0.020	0.098	0.192
波兰	0.090	0.083	0.088	0.096	0.099	0.107	0.120	0.169
葡萄牙	0.127	0.125	0.123	0.135	0.130	0.128	0.133	0.135
斯洛伐克	0.130	0.125	0.129	0.141	0.147	0.148	0.158	0.258
斯洛文尼亚	0.088	0.084	0.082	0.093	0.093	0.100	0.112	0.186
西班牙	0.126	0.116	0.116	0.127	0.123	0.117	0.146	0.230
瑞典	0.059	0.060	0.062	0.070	0.070	0.063	0.068	0.123
瑞士	0.122	0.134	0.124	0.122	0.120	0.126	0.138	0.135
土耳其	0.112	0.106	0.088	0.084	0.106	0.103	0.097	0.205
英国	0.145	0.125	0.124	0.139	0.147	0.157	0.188	0.229
美国	0.069	0.068	0.069	0.069	0.068	0.067	0.073	0.085
中国	0.112	0.102	0.096	0.095	0.091	0.087	0.089	0.099
南非	0.045	0.043	0.051	0.053	0.051	—	0.070	0.075

附表 3 - 14　居 民 电 价

美元/ (kW•h)

国家（地区）	2006年	2007年	2008年	2009年	2010年	2011年	2012年	2013年	2014年
澳大利亚	—	—	—	—	—	—	0.295	0.288	0.283
奥地利	0.174	0.214	0.257	0.256	0.258	0.273	0.254	0.272	0.267
比利时	—	—	0.266	0.233	0.232	0.264	0.250	0.280	0.262
加拿大	0.083	0.088	0.090	0.083	0.093	0.105	0.105	0.104	0.099
智利	0.136	0.166	0.229	0.213	0.209	0.211	0.185	0.172	0.151
捷克	0.122	0.146	0.192	0.192	0.186	0.211	0.199	0.216	0.181
丹麦	0.322	0.344	0.396	0.365	0.356	0.409	0.383	0.371	0.379
爱沙尼亚	—	—	0.117	0.124	0.127	0.137	0.139	0.175	0.169
芬兰	0.128	0.145	0.172	0.174	0.175	0.214	0.195	0.202	0.201
法国	0.144	0.156	0.164	0.159	0.165	0.187	0.175	0.195	0.204
德国	0.222	0.263	0.323	0.318	0.319	0.352	0.339	0.388	0.395
希腊	—	—	0.157	0.152	0.158	0.173	0.181	0.216	0.236
匈牙利	0.144	0.188	0.224	0.206	0.219	0.219	0.204	0.182	0.158
爱尔兰	0.200	0.244	0.267	0.255	0.233	0.259	0.270	0.293	0.305
意大利	0.226	0.258	0.305	0.284	0.263	0.279	0.288	0.312	0.324
日本	0.178	0.177	0.206	0.228	0.232	0.261	0.277	0.254	0.253
韩国	0.098	0.102	0.089	0.077	0.083	0.089	0.093	0.132	0.135
卢森堡	0.183	0.231	0.216	0.236	0.215	0.221	0.209	0.208	0.220
墨西哥	0.101	0.093	0.096	0.080	0.090	0.095	0.090	0.091	0.090
荷兰	0.258	0.285	0.243	0.258	0.221	0.238	0.238	0.257	0.252

续表

国家（地区）	2006 年	2007 年	2008 年	2009 年	2010 年	2011 年	2012 年	2013 年	2014 年
新西兰	0.133	0.161	0.164	0.151	0.176	0.205	0.213	0.226	0.235
挪威	0.156	0.132	0.151	0.133	0.176	0.171	0.136	0.148	0.127
波兰	0.132	0.151	0.193	0.168	0.179	0.198	0.191	0.196	0.192
葡萄牙	0.184	0.214	0.220	0.215	0.215	0.246	0.261	0.280	0.292
斯洛伐克	0.156	0.188	0.220	0.231	0.213	0.242	0.230	0.238	0.214
斯洛文尼亚	—	—	0.168	0.183	0.186	0.202	0.193	0.213	0.213
西班牙	0.165	0.187	0.218	0.212	0.247	0.295	0.288	0.293	0.326
瑞典	—	0.196	0.218	0.194	0.218	0.248	0.224	0.234	0.214
瑞士	0.133	0.136	0.154	0.164	0.180	0.223	0.204	0.204	0.209
土耳其	0.111	0.122	0.165	0.165	0.184	0.169	0.185	0.190	0.170
英国	0.179	0.204	0.218	0.191	0.183	0.208	0.216	0.230	0.254
美国	0.104	0.107	0.113	0.115	0.116	0.117	0.119	0.121	0.125
中国	0.057	0.061	0.067	0.068	0.070	0.074	0.077	0.090	0.090
南非	0.059	0.059	0.054	0.063	0.086	0.098	0.097	0.090	0.085

国家（地区）	2015 年	2016 年	2017 年	2018 年	2019 年	2020 年	2021 年	2022 年
澳大利亚	0.212	0.202	0.237	0.249	0.232	0.210	0.212	0.200
奥地利	0.221	0.223	0.222	0.230	0.222	0.237	0.255	0.248
比利时	0.239	0.292	0.320	0.329	0.316	0.314	0.338	0.421
加拿大	0.093	0.106	0.109	0.113	0.112	0.109	0.124	0.125
智利	0.158	0.169	0.199	0.197	0.196	0.180	0.188	0.167

续表

国家（地区）	2015 年	2016 年	2017 年	2018 年	2019 年	2020 年	2021 年	2022 年
捷克	0.152	0.156	0.163	0.183	0.192	0.203	0.207	0.373
丹麦	0.315	0.330	0.325	0.441	0.321	0.307	0.340	0.518
爱沙尼亚	0.139	0.131	0.136	0.159	0.151	0.143	0.195	0.234
芬兰	0.169	0.169	0.183	0.199	0.206	0.208	0.226	0.237
法国	0.180	0.182	0.189	0.202	0.199	0.215	0.229	0.218
德国	0.327	0.329	0.344	0.353	0.334	0.345	0.380	0.349
希腊	0.196	0.190	0.200	0.196	0.185	−100.000	0.227	0.260
匈牙利	0.128	0.126	0.129	0.131	0.122	0.115	0.118	0.104
爱尔兰	0.252	0.243	0.240	0.257	0.259	0.262	0.296	0.310
意大利	0.274	0.276	0.263	0.280	0.289	−101.000	0.306	0.383
日本	0.225	0.223	0.226	0.239	0.254	0.255	0.240	0.263
韩国	0.124	0.119	0.109	0.110	0.102	0.104	0.108	0.107
卢森堡	0.188	0.181	0.173	0.191	0.193	0.218	0.225	0.204
墨西哥	0.075	0.064	0.064	0.063	—	−102.000	—	—
荷兰	0.207	0.176	0.171	0.211	0.250	0.163	0.190	0.495
新西兰	0.197	0.199	0.206	0.201	0.192	0.190	0.212	0.197
挪威	0.095	0.104	0.113	0.136	0.126	0.083	0.181	0.310
波兰	0.164	0.155	0.164	0.172	0.156	0.169	0.189	0.172
葡萄牙	0.253	0.257	0.254	0.268	0.242	0.243	0.252	0.233
斯洛伐克	0.171	0.170	0.166	0.180	0.182	0.198	0.199	0.203

续表

国家（地区）	2015 年	2016 年	2017 年	2018 年	2019 年	2020 年	2021 年	2022 年
斯洛文尼亚	0.176	0.177	0.178	0.187	0.179	0.174	0.191	0.170
西班牙	0.212	0.268	0.293	0.312	0.288	0.275	0.312	0.350
瑞典	0.171	0.174	0.178	0.196	0.195	0.174	0.187	0.213
瑞士	0.206	0.203	0.204	0.212	0.212	0.224	0.235	0.229
土耳其	0.145	0.133	0.110	0.104	0.106	0.103	0.097	0.090
英国	0.230	0.199	0.202	0.231	0.234	0.235	0.279	0.394
美国	0.127	0.125	0.129	0.129	0.130	0.132	0.137	0.151
中国	0.088	0.079	0.078	0.080	0.080	0.080	0.084	0.082
南非	0.077	0.073	0.089	0.090	0.087	—	—	—

参 考 文 献

[1] 英国能源研究所（Energy Institute）. Statistical Review of World Energy（2023），https：//www. energyinst. org/

[2] IEA. Energy Prices and Taxes 2nd Quarter. 2022.

[3] IEA. World Energy Prices 2nd Quarter. 2022.

[4] 美国能源信息署. Electric Power Monthly，https：//www. eia. gov/

[5] 美国能源信息署. Annual Energy Outlook 2022，https：//www. eia. gov/

[6] 欧盟统计局. Electricity Prices Components for Househould & Non - Household Consumers，https：//ec. europa. eu/eurostat/

[7] 欧盟. Quarterly Report on European Electricity Markets. https：//ec. europa. eu/energy/

[8] 英国商业、能源及工业策略部. Quarterly Energy Prices，https：//www. gov. uk/

[9] Ofgem. State of The Energy Market，https：//www. ofgem. gov. uk/

[10] Bundesnetzagentur Bundeskartellamt. Monitoring Report 2022，https：//www. bundesnetzagentur. de/

[11] Australian Energy Regulator. State of the Energy Market 2022. https：//www. aer. gov. au/

[12] 韩国电力. KEPCO in Brief.

[13] 国网能源研究院有限公司. 国内外能源与电力价格分析报告（2020）. 北京：中国电力出版社，2021.

[14] Zhuo, Z. , Du, E. , Zhang, N. et al. Cost increase in the electricity supply to achieve carbon neutrality in China. Nat Commun 13，3172（2022）.

[15] 欧盟委员会. Tackling rising energy prices：a toolbox for action and support. https：//energy. ec. europa. eu/

[16] 欧盟委员会. REPowerEU：Joint EU action for more affordable，secure and sustain-

able energy. https：//energy. ec. europa. eu/

［17］欧盟委员会 . Regulation on an emergency intervention to address high energy prices. https：//energy. ec. europa. eu/

［18］中华人民共和国自然资源部 . 《中国矿产资源报告 2022》. https：//www. mnr. gov. cn/

［19］庞心睿，崔莹 . 2022 年全球碳市场进展与展望 . 经济观察报，2023 年 4 月 8 日 .

致　　谢

　　《国内外能源与电力价格分析报告 2023》在编写过程中，得到了能源电力价格领域业内知名专家的大力支持，在此表示衷心感谢！

　　诚挚感谢以下专家对本报告的框架结构、内容观点提出宝贵建议，对部分基础数据审核把关（按姓氏笔画排序）：

王兴强　王瑞萍　孙　田　李东伟　吴永飞　赵会茹　娄欣轩

姚　军　高　硕　郭利杰　曹　昉　蒋辰临　韩　雪